SUPERTRICKS
FÜR ELTERN

SUPER TRICKS

444× SPIELEN, BASTELN, ALLTAG WUPPEN

FÜR ELTERN

AGNES PRUS

Stiftung Warentest

INHALT

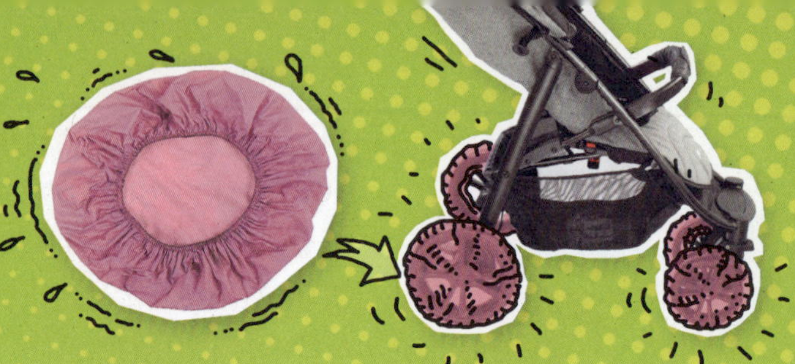

3

4

ACH DU TRICK!

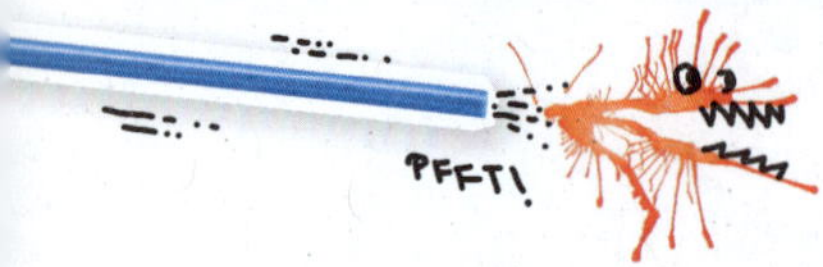

Elternsein ist wirklich eine feine Sache, macht allerdings Arbeit. Die kann dieses Buch zwar nicht wegzaubern, aber es zeigt Ihnen clevere Kniffe, geschickte Abkürzungen, unkonventionelle Lösungen und geniale Zweckentfremdungen, mit denen Sie und Ihre Kinder den Alltag entspannter wuppen können.

Die Veränderungen vom Paar- zum Familienhaushalt kündigen sich mit dem ersten Wickeln des Babys an: Zack, Wäsche. Was so harmlos beginnt, kann bei mehr als ein, zwei Kindern locker mal zur Lawine mutieren und viel kostbare Familienzeit rauben. Es sei denn, man organisiert die Sache clever – man muss nur wissen, wie.

Wäsche ist nur einer der Bereiche, die man sich durch kleine Kniffe erleichtern kann. Auch die Ordnung im Bad oder das alte Thema aufgeräumtes Kinderzimmer muss Familien nicht viel Nerven und Zeit kosten.

Eng verwandt mit dem Thema Ordnung ist der Bereich Essen. Besonders die Phase, in der am Esstisch die Grundsätze von Selbstbestimmung und Schwerkraft ausgiebig untersucht werden, zieht tägliche Putz- und Waschaktionen nach sich. Aber keine Sorge, mit etwas Gelassenheit und einer Handvoll Tricks bleibt der Essplatz halbwegs sauber und das Kind wird satt und zufrieden.

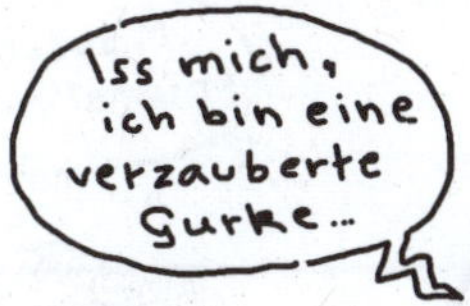

Das Erreichen dieses seligen satten Zustands beschäftigt Eltern mehrmals täglich und wird leider häufig von latentem Stressgefühl begleitet. Das muss nicht sein. Wie das geschickt und unkompliziert zu bewerkstelligen ist, steht hier drin. Selbst für knifflige Fälle wie Gemüseverweigerer und Last-Minute-Aktionen gibt es Ideen, die die gemeinsamen Mahlzeiten zum Genuss machen.

Familienleben passiert aber nicht nur drinnen, ein großer Teil findet natürlich unterwegs statt. Ob in die Ferien oder nur zum Supermarkt, durch den Stadtpark, zum Arzt, mit Buggy, Laufrad oder halb stehend, halb laufend. Und dann – häufig die zäheste Strecke – wieder nach Hause. Tricksen Sie rum, was das Zeug hält! Pimpen Sie Ihre Fortbewegungsmittel, nutzen Sie alle Hilfsmittel aus und machen Sie sich das Leben leichter.

Dann bleibt nämlich auch Zeit für die richtig coolen Seiten des Elternseins: bolzen, basteln, ausflügeln, lümmeln. Oder um einfach mal kurz selber die Nase genüsslich in die Sonne zu strecken.

Viel Spaß dabei!

1

GESCHICKT GEWUPPT

Ordnung gehört zu Familien wie Wehen zur Geburt: immer wieder hart, aber großartig, wenn's geschafft ist. Um die Wucht des Elternalltags ninjamäßig abzuschmettern, braucht man etwas Routine und kleine Helfer, aber vor allem: eine Menge genialer Orga-Tricks im Ärmel. Nimm das, Chaos!

UNTER DER HAUBE

SPURLOS: Endlich kein Stress mehr mit Matschdesastern durch Buggyräder

Auch Eltern sollten auf die richtige Größe für sich achten. Wichtige Infos zum **BUGGYKAUF** finden Sie online unter test.de/thema/kinderwagen.

OB SOMMER ODER WINTER, Buggys begleiten Eltern zuverlässig durch jedes Wetter. Nur leider bringt man – besonders in der nassen Jahreszeit – außer Kindern und Einkauf auch noch einiges an Matsch oder Sand mit in die Wohnung.

STÜLPEN SIE einfach Duschhauben über die Räder, dann bleibt der Eingangsbereich sauber. Auch für den Transport im Auto ist das sinnvoll, dann verschmutzen die Räder nach dem Waldausflug nicht den Kofferraum.

HEREINSPAZIERT!

BODEN FREI: Ok, eine Garantie für weggeräumte Schuhe ist es nicht – aber immerhin eine im Raum hängende Aufforderung.

SCHUHCHAOS und Matschalarm im Eingangsbereich? Der „schwebende" Schuhschrankersatz kann zwar nicht zaubern, hält aber den Boden frei und die Schuhe besser sortiert als ein Kasten, in dem alles übereinanderpurzelt.

GROSSE KONSERVENDOSEN mit Acrylfarbe anmalen und trocknen lassen. Ein Loch durch den Boden der Dose vorbohren, die Stelle an der Wand markieren. Dann in die Wand bohren und die Dose mit Schraube und Dübel befestigen.

NICHT-VERGESSEN-FACH

TURNBEUTELVERGESSER? Was raus muss, kommt rein – Sie werden dieses Fach lieben!

Ein Fach ist schon mal ganz gut, aber die ganz Gewitzten hängen noch einen **ABREISSBLOCK** mit Stift daneben.

Auch eine **TAFEL** macht hier Sinn! Wer keine passende hat, bemalt einfach eine Holz- oder Metallplatte (praktisch für Magnete!) mit Tafellack.

BIBLIOTHEKSBÜCHER, BRIEFE, ausgeliehene CDs/Bagger/Schlüpfer – in einem geräumigen Fach nahe der Ausgangstür sammelt sich alles, was dringend wieder in die Weltgeschichte muss. Sie können ein Hängeregal aus dem Einrichtungskaufhaus verwenden oder eine stabile, nach Wunsch lackierte Holzkiste. Hauptsache, Sie bringen es an einer Stelle an, die sich beim Verlassen der Wohnung in Ihr Blickfeld schiebt. Ein Griff und tschüss!

GESCHWIND EIN SPIND

INTERPRETATIONSSACHE: Wer sagt denn, dass in Bücherregalen nur Bücher wohnen dürfen?

SICHERN Sie die einzelnen Regale unbedingt an der Oberseite an der Wand, damit sie nicht umkippen können!

In den oberen Fächern der **EINZELGARDEROBEN** können Fahrradhelme, Turnbeutel oder Schals lagern, unten ist Platz für Schuhe.

IN FAMILIENGARDEROBEN verbinden sich Schals, Jacken und Taschen schnell zu einem undurchdringlichen Dickicht. Doch mit etwas gutem Willen bringt man Struktur in den Eingangsbereich.

BÜCHERREGALE werden dafür zu Einzelgarderoben umfunktioniert. Bringen Sie im mittleren Bereich geeignete Haken an, sodass Jacken und Taschen von den Kindern gut zu erreichen sind.

ALLES IN ORDNUNG

Ein halbwegs ordentliches Umfeld sorgt bei den meisten Menschen für Ausgeglichenheit, davon sind auch Kinder nicht ausgenommen. Von den Vorteilen eines entstaubten Raumes mal ganz abgesehen, genießen sie nach einer Aufräumaktion den wiedergewonnenen Platz zum Spielen, sie finden verloren geglaubte Schätze wieder und kommen auf neue Spielideen.

Selbst wenn es schneller ginge, es eben selbst zu tun: Damit Aufräumen nicht zum Reizthema wird, sondern etwas Selbstverständliches, sollte man schon die Kleinen spielerisch an das Thema heranführen.

1 Spielblase

Wer von der Küche ins Kinderzimmer die Aufforderung zum Aufräumen ruft, dringt gar nicht durch. Der Zauberschlüssel ist, erst die Aufmerksamkeit zu bekommen: also hingehen, sich auf Augenhöhe begeben und das Kind am Arm berühren. Meister der Achtsamkeit treten in die Spielwelt ein und wertschätzen das Tun des Kindes („Du baust ja einen tollen Flughafen"), bevor sie die Anweisung freundlich und konkret formulieren („Ich möchte, dass du die Stifte in die Kiste räumst, dann kannst du weiter spielen.").

2 Alles hat Platz

Kindern fällt es viel leichter, Ordnung zu halten, wenn im Kinderzimmer alle Sachen einen festen Platz haben und es geräumige Spielzeugkisten gibt, in die man die Spielsachen einfach reinwerfen kann. Um zu verhindern, dass jedes Mal alle Bausteine pauschal ausgekippt werden, obwohl nur ein bestimmter gesucht wird, die Kisten nur zur Hälfte füllen. Mit Bildern kann man die Behälter zusätzlich kennzeichnen, das sorgt für Klarheit und die Gestaltung macht den meisten Kindern Spaß.

3 Genauer gesagt

Die meisten Kinder helfen eigentlich gern im Haushalt und freuen sich sogar, wenn sie kleine Aufgaben selber erledigen dürfen. Aber eine pauschal formulierte Anweisung wie „Räum dein Zimmer auf!" überfordert die meisten maßlos und führt zu Frust. Viel schneller kommt man hier mit kleinen Schritten voran. Einzelziele wie „Sammle erst mal alle CDs ein und räume sie in die Box" helfen den Kindern, einen Blick dafür zu entwickeln, wie man sich große Aufgaben einteilen kann.

4 Baggerpower

Wer des Nachts schon mal barfuß auf einen kleinen Baustein getreten ist, dem wird das regelmäßige Aufräumen der Kleinteile besonders am Herzen liegen. Von niemandem sollte aber verlangt werden, alle Steinchen einzeln aufzusammeln, schon gar nicht von Kindern, die dies womöglich als Aufforderung zum Weiterbauen verstehen. Mit einem sauberen Kehrblech ausgestattet, schaufeln Baumeister den bunten Haufen schnell in die Kiste und die Wege sind wieder gesichert.

5 Lohnt sich

Das Familienleben steckt voller Aufgaben, die regelmäßig erledigt werden müssen: Bad putzen, Tisch decken, Flöte üben ... Wenn das gar nicht klappt, kann ein Belohnungssystem ein Anreiz sein: Jedes Kind bekommt konkrete Aufgaben zugeteilt und für Erledigtes gibt es Wertbons (zum Beispiel à 10 Cent), die am Ende der Woche bei den Eltern eingetauscht werden können. Schweinehund überwunden, Sparschwein gefüttert.

BALLSAMMELSTELLE

RUNDE SACHE: Sportsfreunde finden hier ihr Glück und das Zubehör.

Eine Konstruktion dieser Art kann auch **KUSCHELTIEREN** ein Zuhause bieten. Hat was von Käfig, ist aber praktisch.

An seitlichen **HAKEN** hängen Fahrradhelme. Tennis- und Federbälle, Handschuhe und Gelenkschützer verschwinden in Kästen.

VERSCHRAUBEN Sie drei Sperrholzplatten (eine kurze als Boden und zwei längere für die Seiten; die Breite richtet sich nach dem dicksten Ball) mit vier Winkeln zu einem „U". Für die Gummiseile Löcher in die Bodenplatte und in gleichem Abstand zueinander in eine von zwei Leisten (ca. 5 cm breit, Länge wie Innenseite der Bodenplatte) bohren. Leisten zwischen die Seitenteile schrauben, Gummiseile einspannen und mit der offenen Seite an der Wand befestigen.

AUTOGALERIE

BUNTE KOLONNE: Sieht aus wie Stau, stresst aber glücklicherweise Null.

Bilderleisten haben genau die richtige Breite für Spielzeugautos, sie sind **GÜNSTIG**, schnell angebracht und nehmen kaum Platz weg.

Statt Bilderleisten kann man für Spielzeugautos auch magnetische **MESSERLEISTEN** verwenden. Sieht cool aus, ist allerdings kostspieliger.

KISTEN VOLLER SPIELZEUGAUTOS sind unübersichtlich und es macht tierisch Krach, wenn frustriert-suchende Kinder das Ding auskippen. Besser, man setzt den Fuhrpark in einer bunten Reihe auf Bilderleisten in der Nähe des Spielteppichs auf Spielhöhe, dann finden die Kinder ihre Flitzer ganz fix. Wenn die Leisten nicht mehr für Autos genutzt werden, kann man Bücher, Gewürze oder Nagellack darauf stellen – oder tatsächlich Bilder.

RAUF UND RUNTER SPIELEN

BINGO! In einer Hängeaufbewahrung sieht Ihr Kind alle Spiele auf einen Blick.

HÄNGEAUFBE-WAHRUNGEN für Schränke gibt es im Einrichtungskaufhaus. Sie werden mit Klettbändern an Kleiderstangen befestigt.

NACH DEM SPIELEN verschwindet das bunte Display hinter den Schranktüren, das schafft optische Ruhe im Kinderzimmer.

SPIELE PASSEND IM REGAL zu verstauen erfordert oft Tetris-Talent. Kinder nehmen es da oft nicht so genau und stopfen die Kartons kreuz und quer übereinander – und beim nächsten Rausziehen droht die Spielelawine.

IN EINER HÄNGEAUFBEWAHRUNG lässt sich das Sammelsurium übersichtlich (und begrenzt hoch) stapeln und die Kinder können einzelne Gesellschaftspiele bequem entnehmen, ohne dass ihnen alles entgegenkommt.

AUS DEN AUGEN, ...

... AUS DEM SINN: Verdecken Sie Ihren schicken Flatscreen, dann gibt's weniger Bettelei.

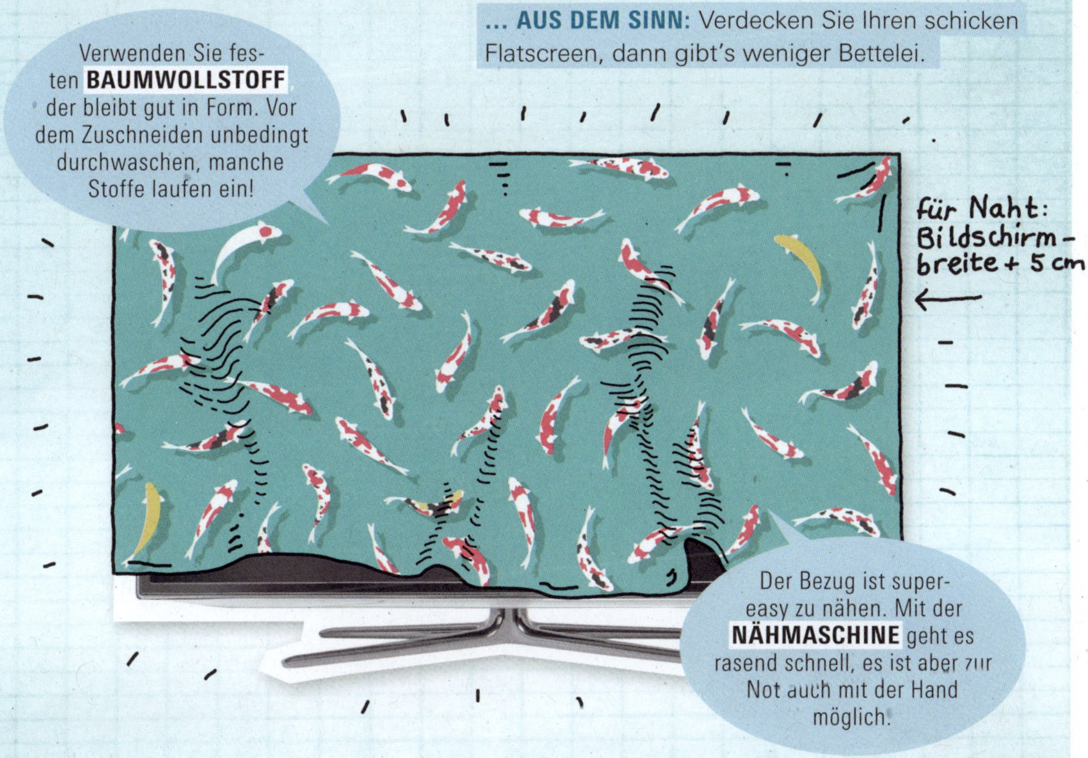

FÜR DEN TV-BEZUG den Bildschirm ausmessen und robusten Baumwollstoff (Breite: Bildschirmbreite + ca. 5 cm Nahtzugabe, Länge: Bildschirmhöhe doppelt + ca. 5 cm Nahtzugabe) kaufen, durchwaschen und bügeln. Die kurzen Seiten einschlagen, absteppen. Stoffbahn quer falten (rechts auf rechts legen) und mit Stecknadeln fixieren. Die Seiten zusammennähen, dabei jeweils 1,5 cm zum Rand lassen. Wenden und Bildschirm verschwinden lassen.

STOP! IN THE NAME OF LOVE

Abgrenzung ist manchmal der Schlüssel zu kinderfreundlicher Umgebung. Und zu Familienfrieden.

Spielfeld: Einigen Sie sich auf den Spielbereich, den das Kind für sein Spielzeug im Wohnzimmer nutzen darf, und umrahmen sie diesen auf dem Boden mit Kreppband. Dann fliegt der Kram nicht überall herum.

Heißes Eisen: Markieren Sie den Sperrbereich um den heißen Grill mit Kreppband. Aufpassen müssen Sie natürlich trotzdem!

Zum Thema Laufstall gehen die Meinungen auseinander, er leistet aber zweifellos kostbare Dienste, wenn man sich selber eine kleinkindfreie Zone einrichten möchte. Da näht es sich gleich entspannter.

Kamine oder gusseiserne Öfen kann man mit Laufstallmodellen zum Öffnen (sogenannte Lauf- und Konfigurationsgitter) einzäunen, wenn man nicht direkt dabei sitzt.

Rollstopp: Kann man schon verstehen, dass das mit dem Abrollen der gesamten Klopapierrolle voll lustig ist. Halt nur nicht für Erwachsene. Einfach ein Haushaltsgummi um die Rolle binden, das erschwert das „Überprüfen der Klopapierlänge".

Ein Spiegel an einem strategisch günstigen Ort erspart unnötiges Gerenne. Dann kann man kurz mal die Lage checken, wenn die Kinder so verdächtig ruhig sind.

Steckdosen im Hotelzimmer mit Pflastern abkleben; das bietet natürlich keinen hundertprozentigen Schutz, ist aber besser als nichts.

Konfettikanone explodiert? Markieren Sie mit Kreppband eine Zielfliese, wenn das Kind beim Fegen mithilft, das sorgt für Fokus.

Kling Glöckchen: Hängen Sie als kleine Krabbelkind-Alarmanlage Glöckchen in die unterste Etage des Weihnachtsbaums. Das verhindert per se nichts, lässt aber schneller aufhorchen.

AUSGEGLITZERT

SCHLUSS MIT LUSTIG: So kriegen Sie penetrante Glitzerattacken unter Kontrolle.

GLITZER, BÜGELPERLEN, Schmuckbastelkram und kleinste Lego-Steinchen: die Top 4 der nervigsten Wegmachobjekte. Eine Kleiderrolle (Drogeriemarkt) beschleunigt das Aufsammeln. Glitzer, Fussel und Staub bleiben dran, alles andere lässt sich ablösen und wieder in Behälter füllen. Und so ein Roller muss nicht teuer sein: Im Test der Schweizer Verbraucherschützer von K-Tipp (10/2017) schnitten die günstigsten am besten ab.

SOS-Aufräumplan

Einen Haushalt mit Kindern aufgeräumt zu halten, ist nicht immer einfach. Unser Notfallplan hilft dabei, den Fokus auf die wichtigsten Aspekte zu richten, wenn plötzlich Gäste vor der Tür stehen.

LAST-MINUTE-AUFRÄUMEN

Sponti-Besuch bei Neueltern ist selten eine gute Idee – aber wem sagen wir das?! Am besten lenkt man den Besuch erst mal mit dem entzückenden Nachwuchs ab, schließlich ist er der Grund für die Visite. Viele Säuglinge sind gar nicht so wählerisch, wer sie auf dem Arm schunkelt.

Minimalplan: In diesen kostbaren Minuten die Fenster öffnen und den Aufräum-Turbo anwerfen. Konzentrieren Sie sich auf ausgewählte Bereiche, also den Aufenthaltsraum. Schütteln sie die Sofakissen auf, räumen Sie den Tisch frei – nichts wirkt ordentlicher als leere Flächen – und bieten Sie dem Besuch einen Platz an. Auf dem Weg zur Kaffeemaschine unauffällig Stolperfallen wie Spucktücher vom Boden picken. Die Toilette mit einem Feuchttuch abwischen, danach die Hände gründlich einseifen und damit über das Waschbecken huschen. Mit dem alten Handtuch die Oberflächen abtrocknen, ein frisches aufhängen. Haare bändigen und dann ab auf's Sofa, durchatmen!

Bei 15 Minuten Vorlauf ist viel möglich:

Freie Flächen schaffen! In XXL-Taschen passen auf die Schnelle Klamotten, Handtücher, Schuhe und alles andere rein, was im „Besuchszimmer" stört. Fix im Schrank verstecken.

Den Müll rausbringen, besonders wenn der Eimer auch für alte Windeln benutzt wird! Außerdem unbedingt ordentlich durchlüften, bis der Besuch kommt.

Staubsaugen Sie nur die Räume, die der Besuch betreten wird, also Flur und Aufenthaltsraum. Falls noch Zeit ist, den Boden kurz auf Flecken checken und punktuell schubbern.

Glänzende Armaturen wirken gleich so schön „sauber". Aber nicht ausflippen, nur die Oberflächen schnell abwischen. Für Pingeligkeit ist keine Zeit.

Die Küche als Letztes in Angriff nehmen, hier läuft man Gefahr, sich zu verfransen. Geschirrberge, wenn Zeit ist, natürlich in die Spülmaschine räumen. In arger Bedrängnis reicht es auch, alles in einen Korb zu stellen und im Keller/Geheimraum/Herd zwischenzulagern. Aber nicht dort vergessen! Arbeitsflächen und Tisch abwischen.

Zimtstangen und Nelken vertreiben muffelige Luft und sorgen für gutes Raumklima, wenn man sie in einem Topf mit Wasser eine Weile kochen lässt.

BIST DU ABER GROSS!

ZU KURZ GERATEN? Wer „Kinderkleidung“ sagt, muss auch „Aussortieren“ sagen.

Nutzen Sie in der **WICKELKOMMODE** eine Warteschleifenschublade für zu klein Gewordenes und Kleidung in der nächsten Größe.

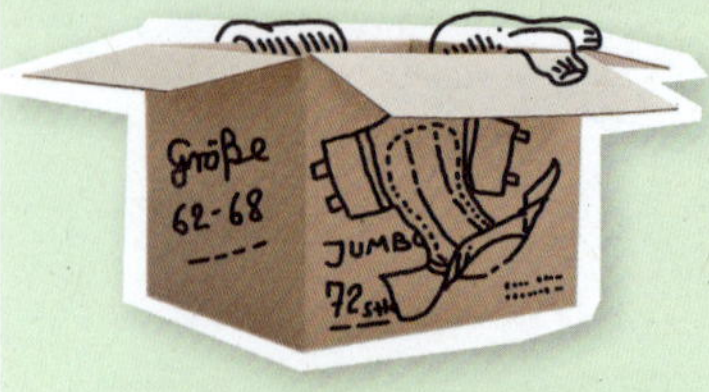

Leeren Sie das Zwischenlager regelmäßig und sortieren Sie die Kleidung nach typischen Größen (z.B. 62/68) in **BESCHRIFTETE BOXEN.**

KINDER WACHSEN gerne mal über Nacht, richten Sie sich also für einen kurzen Aussortierprozess einen ersten Sammelplatz in Reichweite ein. Zum weiteren Lagern zu kleiner Kleidung können Sie Windelkartons verwenden, Babysocken liegen übersichtlich in Eierkartons (beides beschriften!). Für feuchte Keller sind Vakuumboxen oder -taschen praktisch, da kann kein Schimmel hineinkriechen. Gegen Lagermief ein Lavendelsäckchen dazulegen.

ZU KURZ UND KNAPP

DAS FETZT: So wird das zu kleine Lieblings-T-Shirt ganz einfach zur Lieblingstasche.

T-SHIRT WENDEN. Ärmel und Ausschnittbündchen herausschneiden. Unten Fransen (ca. 2 cm breit, 5–7 cm lang) schneiden. Fransen der Vorderseite mit gegenüberliegenden Fransen der Rückseite verknoten. T-Shirt wieder wenden.

KLEINES MOTIV, GROSSE LIEBE? Wenn die Trennung vom Lieblingsshirt allzu schwer fällt, das Bild aus dem Shirt schneiden und auf ein Oberteil in der passenden Größe nähen (eventuell Bügelvlies aus dem Stoffladen verwenden).

DER WÄSCHEBERG RUFT

Freiwurf

Mit einem Basketballkorb im Kinder zimmer macht es Nachwuchssportlern gleich mehr Spaß, herumliegende schmutzige Klamotten in die Sammelstelle zu werfen.

Kleine Helferlein

Um sich die Arbeit zu erleichtern, sollte man die Kinder früh einspannen. Fürs Erste hilft es schon, wenn man einen Wäschekorb ins Kinderzimmer stellt, dann fliegen die schmutzigen Klamotten nicht (ok: weniger häufig …) in die unmöglichsten Ecken des Kinderzimmers.

Schub schub

Mit Baby auf dem Arm kriegt man nicht auch noch den schweren Wäschekorb gewuppt. Wenn man an der Unterseite Rollen oder alte Spielzeugbahnwaggons mit Heißkleber befestigt, lässt sich der Korb leicht schieben – sogar von Kindern.

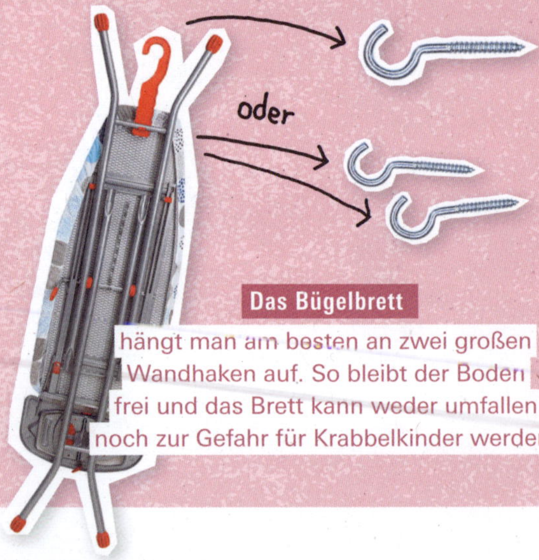

Das Bügelbrett

hängt man am besten an zwei großen Wandhaken auf. So bleibt der Boden frei und das Brett kann weder umfallen noch zur Gefahr für Krabbelkinder werden.

Vorsortiert

ist halb gewaschen. In einen weißen, einen schwarzen und einen farbigen Wäschekorb werfen sowohl Kinder als auch Große fast unbewusst die entsprechende Wäsche. Am besten entspricht die Korbgröße einer Waschmaschinenladung, dann sieht man auf den ersten Blick, was Sache ist.

Socken

sind chronische Partnerverlierer. Um nicht irgendwann mit lauter Singlestrümpfen dazustehen, am Korb einen Wäschebeutel als separate Sockentasche anbringen, so wird keiner der Burschen mehr vom Bettbezug verschluckt.

Flüssigwaschmittel

in an der Wand befestigten Seifenspender füllen, dann lässt es sich durch Drücken sogar mit einer Hand portionieren (praktisch mit Baby auf dem Arm). Überdies bleibt es so auch außerhalb der Reichweite von Kindern.

Flott auf Bügel

flutscht die Wäsche so: Den linken Arm durch den Kopfausschnitt schieben, sodass man durch das Kleidungsstück gleitet. So ruhig den ganzen Arm vollladen. Dann Bügelhaken in die linke Hand nehmen und die Oberteile mit der rechten Hand auf Bügel ziehen.

Schneller trocken

wird die Wäsche, wenn man für die ersten 15 Minuten ein trockenes Handtuch mit in den Trockner gibt. Es saugt einen Teil der Feuchtigkeit auf, das spart Strom.

VOM FLECK WEG

Möhrenbrei

Der Klassiker hinterlässt gerne mal fiese orangefarbene Spuren mit Ewigkeitsversprechen. Karottenflecken nicht eintrocknen lassen und sofort mit Öl einreiben. Wie gewohnt waschen. Falls das nicht hilft: ab in die Sonne damit.

Stifte

Wasserfeste Stifte und Kinder sind per se schon keine ideale Kombi. Wenn aus irgendeinem Grund doch mal damit Quatsch gemacht wurde, hilft Folgendes: Klamotten oder Holz mit Handdesinfektionsmittel bearbeiten, Wände mit Zahnpasta oder Haarspray, Teppich mit weißem Essig und Glas oder Keramik mit einer Mischung (1:1) aus Zahnpasta und Natron.

Kaugummi

In einen Kaugummi gesetzt? Legen Sie die Hose in das Gefrierfach, dann lässt sich die Masse vom Stoff brechen.

Kaugummi in den Haaren geduldig mit Eiswürfeln kühlen. Es dauert ein wenig, bis er kalt genug ist, um sich entfernen zu lassen. Alternativ mit Öl einreiben, das macht bei Kaugummi in Augenbrauen Sinn.

Magen-Darm-Alarm

Erbrochenes auf dem Teppich? Entfernen Sie das Gröbste und streuen Sie großzügig Natron auf den Fleck, das nimmt den fiesen Geruch. Kurz wirken lassen und den Teppich absaugen. Bei hartnäckigem Mief kann man den Fleck mit Wodka betupfen (erst an einer unauffälligen Stelle testen).

Feuchttücher

Feuchttücher sind wahre Wunderwedel, wenn es um Flecken geht. Sie reinigen Sofa- oder Autopolster, vollgespuckte Oberteile, entfernen Deospuren oder Kaffeeflecken und man kann damit sogar schnell mal die Schuhe aufpolieren.

Spülmaschine

Klar lässt die Spülmaschine Geschirrberge verschwinden, sie kann aber noch weitaus mehr reinigen: robustes Plastikspielzeug, Seifen- und Zahnputzbehälter, Schreibtischsachen (etwa Schubfächer, Stifteboxen), Kämme und Bürsten, Gummistiefel (ohne Futter), Flip-Flops, Kunststoff-Clogs, Badeschuhe, Kehrblech oder Baseballkappen.

ORDENTLICH AUFGEZOGEN

ZACK, FERTIG: Mit einem Handgriff Übersicht in der Schublade schaffen.

1.

2.

3.

Wenn Sie die Kleidungsstücke doppelt falten oder sie **ROLLEN**, stehen Sie nicht so hoch in der Schublade.

Chaos in der Schublade? Setzen Sie den Klamottenstapel **UM 90 GRAD GEDREHT** hinein, dann haben Sie alle Teile im Blick.

UNTERTEILEN SIE große Schubladen in Fächer, damit Kinder beim „Selbst-Aussuchen" nicht alles drunter und drüber wirbeln. Ein passgenaues Gitter können Sie mit Streifen aus Finnpappe selber machen (zum Beispiel ein langer und zwei kurze Streifen; Länge und Breite richten sich nach den Innenmaßen der Schublade). Schneiden Sie da, wo sich die Streifen kreuzen sollen, Schlitze bis zur Mitte, damit Sie die Streifen ineinander verkeilen können.

FÜR KLEINE SUPERFALTER

1. Einen großen Karton mit einem Cutter in drei Streifen (je 60 × 20 cm) schneiden. Den mittleren Streifen quer halbieren. Alle Teile wieder nah aneinanderlegen.

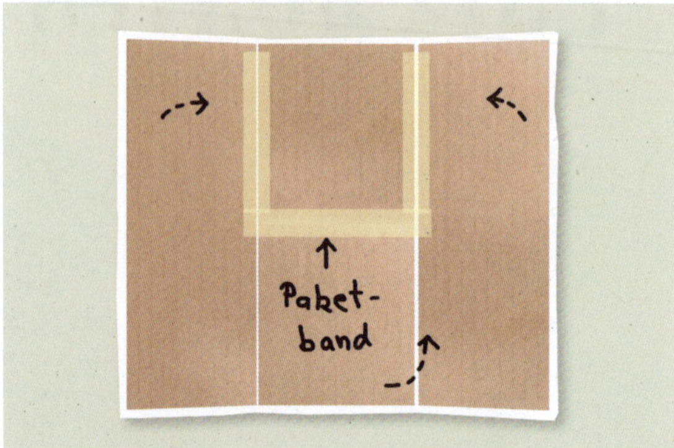

2. Mit Paketband die obere Hälfte des Mittelstreifens an den langen Seiten und der schmalen Seite mit den anderen drei Pappstücken verbinden.

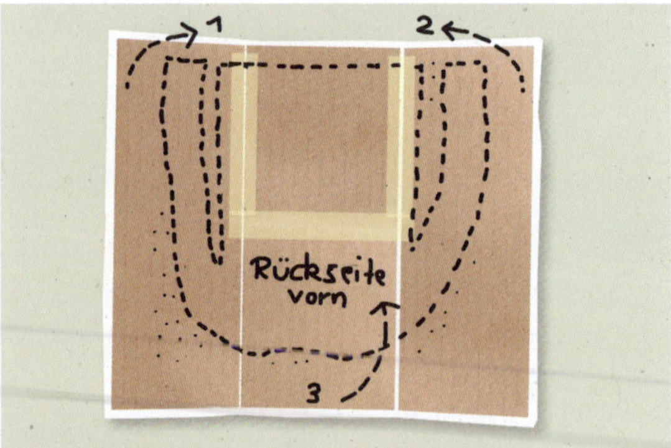

3. Oberteile mit der Rückseite nach vorne möglichst weit oben auf das Faltbrett legen. Dann nacheinander das linke, das rechte und das untere Seitenteil einklappen.

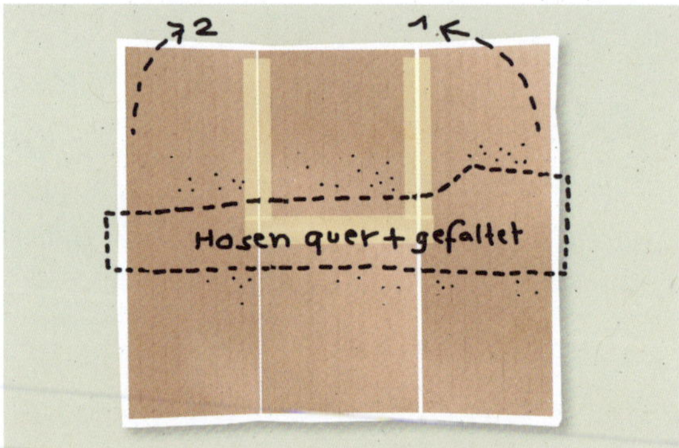

4. Hosen schlägt man zunächst längs aufeinander und legt sie dann quer auf das Faltbrett. Anschließend einmal rechts, einmal links klappen, fertig!

PUTZ BUNTER

ZIELGERICHTET: Mit einem Plan putzt es sich gleich viel strukturierter.

Teppich saugen oder Fliesen wischen? **KLAVIER ODER COMPUTER** abstauben? Passen Sie die Aufgaben an Ihre Wohnung an!

Die überschaubaren **VIER SCHRITTE** machen es Kindern einfacher, Putzaufgaben zu bewältigen. Überlassen Sie Ihrem Kind die Wahl einer Karte.

KINDER HELFEN EIGENTLICH GERN im Haushalt, aber allgemein formulierte Aufforderungen überfordern sie oft. Schreiben Sie stattdessen pro Zimmer einen Putzfahrplan mit einzelnen Aufgaben auf bunte Karten, zum Beispiel Farbkarten aus der Farbabteilung des Baumarkts. Wenn Sie sie laminieren, können die Schritte mit einem abwischbaren Marker abgehakt werden, das schafft Überblick und macht zufrieden, weil das Ziel näher rückt.

WÄSCHEKORB-HACKS

WÄSCHEKÖRBE kommen in den besten Familien vor. Am besten gibt man sich gar nicht erst mit Billigprodukten ab, denn sobald einer der Griffe mal eingerissen ist, besteht fiese Klemmgefahr und mit dem Riesenteil lässt sich nicht mehr viel anfangen.

Badespaß

ohne Ende? Ein Wäschekorb sorgt für eine Begrenzung der großen Badewanne. Einfach das Kind mitsamt Quietscheentchen hineinsetzen, dann bleiben beide immer in greifbarer Nähe.

Netzwerkeln

zum Zeitvertreib: Durch die Öffnungen des Wäschekorbs Wollfäden zu einem Gitter verspannen und das Kind Spielzeug heraus-fischen und durchfummeln lassen.

Tütenflut

sollte heutzutage vermieden werden, aber wohin mit dem Wocheneinkauf für die Familie? Ein Wäschekorb im Koffer-raum sorgt für reichlich Stauraum, hält alles beisammen und man hat auch keine roten Tütengriffspuren mehr am Arm.

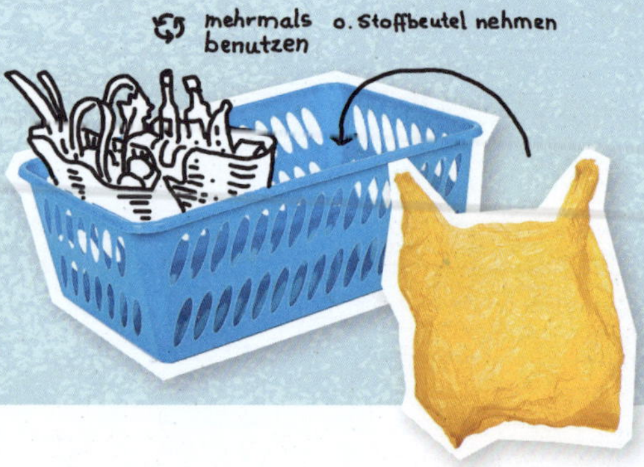

Für ein Bällebad

muss man nicht unbedingt ins Möbelhaus fahren. Einfach einen Wäschekorb mit Bällen füllen, das reicht für Kleinkinder allemal. Aber dabeibleiben und aufpassen, dass der Korb beim Heraussteigen nicht umkippt.

Toooor

gesucht? Einfach zwei Wäschekörbe draußen aufstellen, die tun's bei Softbällen auch. Entweder kicken oder Poolnudeln als Hockeyschläger benutzen. Und wenn die Bälle drinnen anfangen zu fliegen (zum Beispiel bei Dauerregen), geben Wäschekörbe prima Ziele für halbwegs gesittete Wurfspiele ab.

Spontanschnee

und noch keinen Schlitten gekauft? Zur Not zieht man das Kind einfach in einem Wäschekorb über den verschneiten Gehweg. Geht etwas auf die Muckis, aber bevor der Schnee dann weg ist …

EINGETÜTET

FARBENFROH: Malspaß für die Kleinsten ohne Matschepampe an den Fingern (dem Tisch, den Haaren, in den Ohren …)

Verschließen Sie den Beutel zusätzlich mit **KLEBEBAND**, dann hält er auch bei intensiven Patschern dicht.

Kleben Sie den Farbbeutel für größere Kinder, die schon stehen können, ans **FENSTER**, da leuchtet das Licht schön durch.

NICHTS GEGEN MATSCHEREIEN, die sind für Kinder Gold wert, sinnliche Erfahrung und so. Aber manchmal hat man einfach keine Lust auf die ganze Abdeck- und Abwaschaktion, die damit immer einhergeht.

FÜLLEN SIE FINGERFARBEN in verschließbare, robuste Plastikbeutel, drücken Sie die Luft heraus und lassen Sie Ihr Kind mit den Fingern darauf „zeichnen“. Alternativ können Sie farbiges Haargel und Glitzerelemente im Beutel mischen.

KUNST? VOLL!

MUSEUMSREIF: So werden kleine Künstler gewürdigt und schnöde Wände verschönert.

Nudeln peppen **ÖDE RAHMEN** auf: Schleifchen- oder Röhrchennudeln bunt bemalen und mit Heißkleber am Rahmen fixieren.

Für Kunstliebhaber und das Archiv ganz wichtig: **SCHILDCHEN** mit Künstlername, Bildtitel und Entstehungsjahr neben den Bildern anbringen.

»Alter Falter«
Luisa,
1. Oktober '18

FÜR EINEN FEDERLEICHTEN BILDERRAHMEN (ca. 20 × 20 cm) vier dicke Strohhalme längs durchschneiden. In den Halm, der oben sein wird, einen Faden einziehen und so verknoten, dass ein Dreieck zum Aufhängen entsteht.

DAS BILD VORSICHTIG in die Schlitze ziehen und am Faden aufhängen. Werke, die es nicht auf die Wand oder ins Archiv schaffen, abfotografieren und speichern – oder die Kinder nutzen sie als Geschenkpapier.

WUSCHELWISCHER

PUTZMUNTER: Mit ein bisschen Spaß und kleinen Helfern hat man die Hausarbeit ganz fix aus den Füßen.

So flott, wie mit diesen Superwischis der Boden **BLITZEN** wird, können Sie noch nicht mal „Platsch!" sagen!

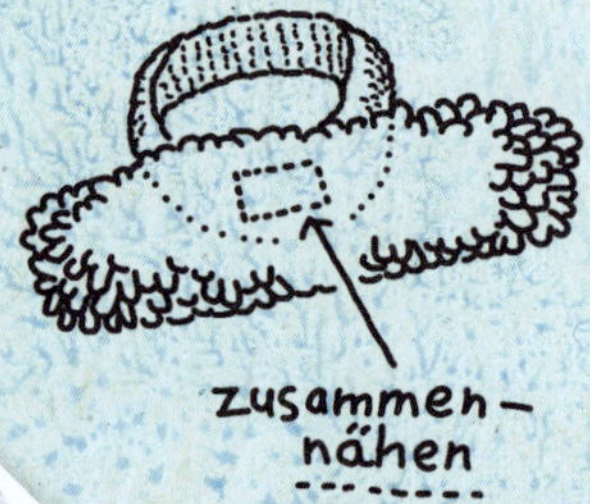

Die Mopp-Schlappen dürfen natürlich **NICHT PITSCHNASS** sein, aber zum Polieren und Wollmäuse-Fangen eignen sie sich auch trocken prima.

JE NACH FUSSLÄNGE kann man Mikrofaser-Wischtücher oder halbierte Bezüge für Bodenwischer (aus Chenille) verwenden. Zum Reinschlüpfen breite Gummibänder (aus dem Stoffladen) oder Schweißbänder annähen.

NOCH MEHR KÖRPEREINSATZ? Nähen Sie aus alten T-Shirts weiche Staubwischhandschuhe. Eine mit verdünntem Reinigungsmittel gefüllte Sprühflasche dazu und schon können die kleinen Fleckendetektive losflitzen.

NAH AM WASSER

RANGEHOLT: Wenn die Ärmchen zu kurz sind, muss das Wasser eben näher rücken.

Als Verlängerung eignen sich leere Spülmittel- oder Shampooflaschen, deren **BODEN** so breit ist, dass der Wasserhahn gut durchpasst.

Stellen Sie trotzdem einen **HOCKER** ans Waschbecken, damit Ihr Kind auch bequem die Seife und den Wasserhahngriff erreicht.

KINDER HABEN ES NICHT EINFACH, ständig ist etwas zu groß, zu hoch oder zu weit weg. So auch der Wasserhahn. Erleichtern Sie ihrem Kind das Händewaschen mit dieser schnell gemachten „Wasserrutsche".

MIT EINEM CUTTER ein Loch in den Boden einer leeren Shampooflasche schneiden und die Tülle entfernen. Die Vorderseite ausschneiden, dabei rundum einen Rand lassen. Auf den Hahn stülpen und dann: Wasser marsch!

SICHER IST SICHER

In der Zeit mit einem Neugeborenen muss man relativ wenig in den Wohnräumen verändern, zumindest solange sich das Baby noch nicht selbstständig fortbewegt. Kinder werden jedoch häufig nahezu über Nacht mobil und dann fallen den Eltern plötzlich lauter Gefahrenquellen auf.

Die besten Kindersicherungen für Schränke, Schubladen und vor allem Steckdosen sind ganz klar diejenigen, die im Handel erhältlich sind. Unsere fünf Tipps sind hierfür hilfreiche Ergänzungen und mobile Alternativen für Hotelzimmer oder für den Besuch bei den Großeltern.

1 Teppichstopper

Teppiche, deren Ecken hochstehen oder die verrutschen, können für Laufanfänger fiese Stolperfallen sein. Sie bekommen etwas bessere Bodenhaftung, wenn man Heißkleber auf die Teppichunterseite aufträgt und trocknen lässt (natürlich nicht auf dem Boden festkleben!). Alternativ kann man Klettband auf der Unterseite des Teppichs befestigen. Die passenden Klettgegenstücke werden zunächst auf Kreppband geklebt, so lassen sie sich bei Bedarf wieder spurenfrei vom Boden ablösen.

2 Schubladenfix

Schubladen haben offenbar magische Anziehungskraft auf Kleinkinder. Damit sie nicht ungewollt sekundenschnell ausgeräumt werden oder eine Gefahr für die kleinen Finger darstellen, kann man die Knäufe mit einer Kette aus Duschvorhangringen aneinander befestigen. Bei langen Griffen eignet sich auch ein Schuhlöffel, der durchgesteckt und am obersten Griff aufgehängt wird. Auf Reisen kann man alternativ einen Gürtel durchfädeln.

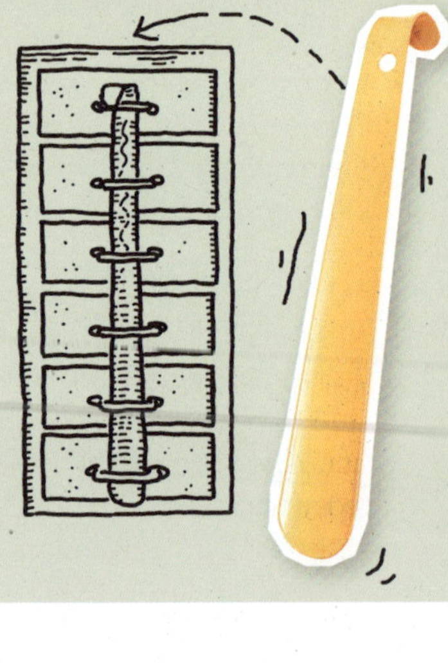

3 Tür auf

Gegen ungewolltes Zufallen der Türen aufgrund von Durchzug oder Kinderhand helfen Türstopper. Da aber alles, was auf dem Boden liegt, von Kleinkindern früher oder später einen anderen „Wohnort" zugewiesen bekommt, bringt man die Türsicherung am besten im oberen Bereich an. Dafür ein Stück Schwimmnudel (hohl; massive etwas aushöhlen) längs bis zur Mitte einschneiden und an den Türrand klemmen. Mit dieser Methode lassen sich übrigens auch Trampolinfedern polstern.

4 Tür zu

Zwei nebeneinander liegende Schranktüren mit Knäufen umbindet man einfach mit einem strammen Haargummi. Keine Knäufe da? An beiden Türen Klebehaken befestigen, die dann ebenfalls mithilfe eines Gummis die Türen verschlossen halten. (So lässt sich auch eine einzelne Schranktür sichern, dann wird der zweite Klebehaken an der Seite des Schranks befestigt.) Sehr praktisch als mobile Schranksicherung sind auch wiederverwendbare, gummibeschichtete Kabelbinder aus dem Baumarkt.

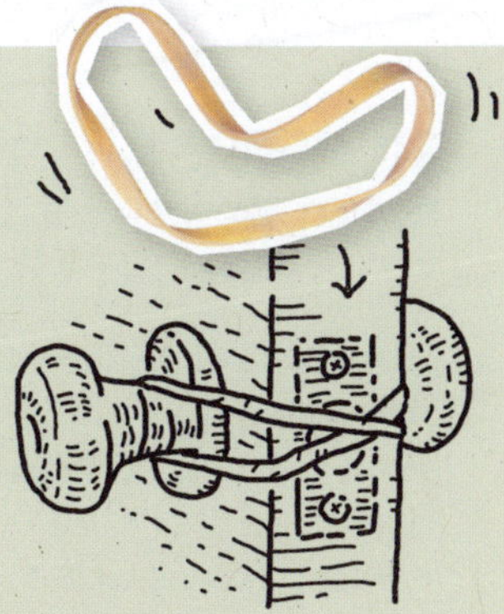

5 Tür auf und zu

Damit die Eingangs- oder Badezimmertür nicht ins Schloss fällt, befestigt man ein breites, strammes Gummiband an der Klinke, legt das Band über Kreuz und klemmt es an die zweite Klinke. Das Gummi liegt dadurch über dem Riegel und ermöglicht, dass die Tür aufgedrückt werden kann. Bastler stanzen in ein kleines Stück Leder an beiden Seiten je zwei Löcher. Durch diese ein Gummiband führen, sodass zwei Schlaufen entstehen, und fest verknoten. Das hält noch zuverlässiger.

WISCHIWASCHI

HANDLICH: Mit dieser Lösung verschwindet der Daumen nicht im weiten Waschhandschuh und man hat das Baby besser im Griff.

Augenschutz beim Haarewaschen

Mit der Waschsocke können Sie Ihr Kind säubern, haben die Hand aber auch parat, wenn Sie sie zum **FESTHALTEN** der quirligen Bademaus brauchen.

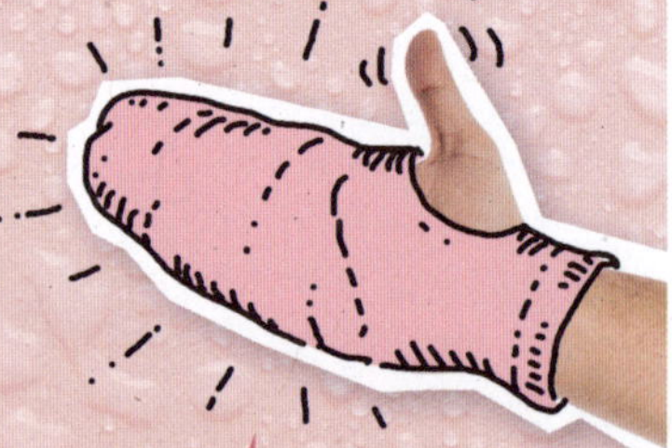

Schneiden Sie ein kleines Loch in die Ferse einer Ihrer Socken – fertig ist der stramme, gut anliegende **WASCHHANDSCHUH!**

HAAREWASCHEN löst Alarm aus? Halten Sie einen trockenen Waschlappen auf die Stirn des Kindes oder geben Sie ihm eine Taucherbrille, dann geht nichts ins Auge. Zum Abspülen vor dem Baden eine Flasche oder eine Gießkanne mit warmem Wasser füllen, das ist angenehmer als der spritzige Duschstrahl. Und dann: „Augen schließen, Kopf zurück, das ist der Haare-Auswasch-Trick!“ Übrigens: Lange Haare lassen sich unter Wasser gut kämmen.

QUIETSCHTROCKEN

HOCH DIE ENTE, WOCHENENDE! Schimmel hat es schwerer, wenn Badespielzeug in luftdurchlässigen Behältnissen aufbewahrt wird.

Kunststoff- oder Metallkörbe gibt's günstig und in allen Größen im **BAUMARKT**, da findet man außerdem auch geeignete Klebehaken.

Die **LÖCHLEIN** an der Unterseite von Badespielzeug kann man gegen Schimmelbildung mit Heißkleber verschließen. Dann bleibt die Ente jedoch still.

QUIETSCHEENTCHEN gehören zum Badespaß wie Flip zu Flop, aber Schimmel? Nein, danke! Damit die Freude und die Ordnung im Bad erhalten bleiben,sollten Schwimmtiere & Co. in luftdurchlässigen Körbchen abtropfen und auf ihren nächsten Planscheinsatz warten. Die Körbe kann man entweder an selbstklebenden Haken oder an einer zweiten Duschstange nahe der Wand befestigen – in entsprechender Höhe auch ein kindersicherer Ort für's Shampoo.

UNVERKLEMMT

Haarklammern

gehen entweder verloren oder fliegen rum. An einer **Magnetleiste** oder in einer leeren Tictac-Dose sind sie besser aufgehoben.

Karabinerhaken

sind ein prima Display für **Haargummis.** An einem Klebehaken neben dem Spiegel aufhängen und die ewige Gummisucherei ist passé.

Zahnbürsten

haben es gerne luftig. Damit sie auch auf Reisen nicht in den Waschbeckenbakterien landen, mit einer **Wäscheklammer** aufbocken.

Tubenquetschen

kann zu Mega-Zahnpastawürsten führen. Für einfachere Dosierung den leeren Teil der Tube mit einer **Allzweckklammer** abklemmen.

Rasierer

ohne Schutzkappe? Eine **Allzweckklammer** bedeckt die Klinge – sie sind deswegen noch lange nicht kindersicher, also trotzdem weit oben lagern.

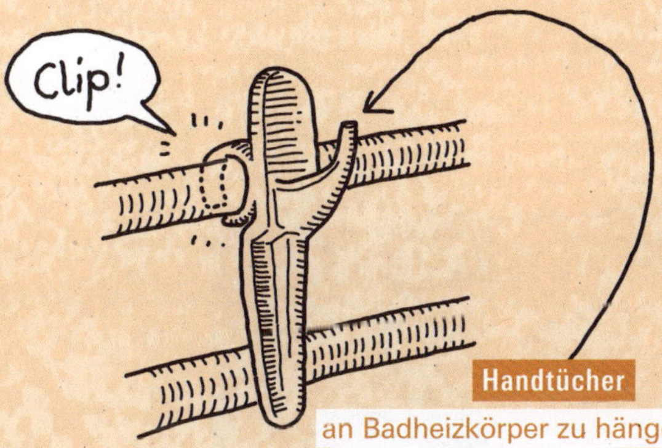

Handtücher

an Badheizkörper zu hängen, ist für kleine Kinder knifflig. **Hakenclips** machen ihnen das Leben leichter und die Tücher wieder trocken.

FAMILIENBAD-ERKENNTNIS NUMMER 1:

Selbst im kleinsten Bad ist genug Platz für Chaos und nasse Handtuchberge. Damit etwas mehr Klarheit herrscht, bekommt jedes Familienmitglied eine eigene Handtuchfarbe zugeteilt. (Schon mal versehentlich mit dem Teenie-Handtuch das Gesicht abgetrocknet? Eben.) Kindern fällt es leichter, Haken statt Stangen zum Aufhängen zu benutzen, und wenn diese in Zwergenhöhe angebracht sind, ist auch das Abtrocknen angenehmer, dann fließt das Wasser nicht fies in die Ärmel.

Übrigens: Gegen Stinkbombenalarm ein Streichholz abbrennen (das machen Sie, nicht die Kinder), das übertüncht ganz gut. Menschen sind darauf gepolt, als erstes Brandgeruch wahrzunehmen

■ Extra-Tipp: Ein stromsparendes Nachtlicht im Bad und Kinder werden bei nächtlichen Geschäften nicht mehr durch grelles Licht hellwach.

FRISCH GESCHLÜPFT

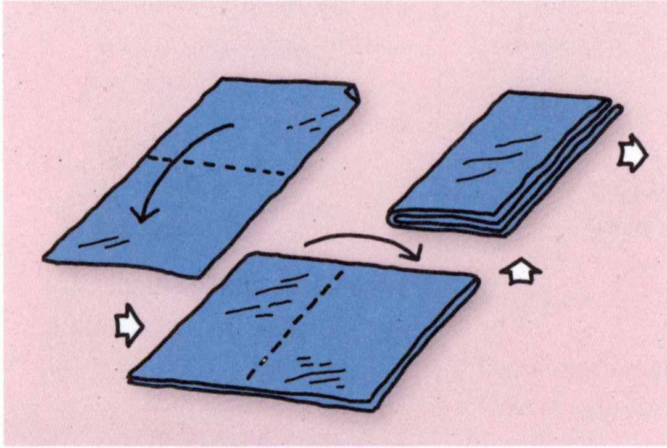

1. Für einen Frotteeponcho ein kuscheliges Handtuch wählen, das dem Kind bis zu den Knien reicht. Die schmale Seite nach unten falten, dann die linke auf die rechte Seite.

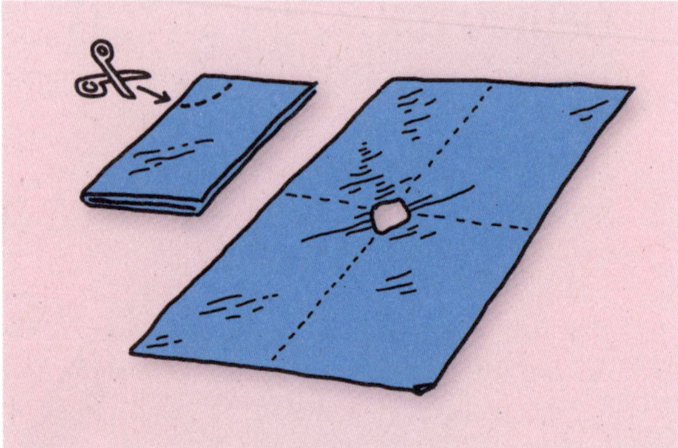

2. Die gefaltete Ecke bogenförmig abschneiden, sodass eine Öffnung entsteht, durch die der Kopf des Kindes passt. Eventuell ein Oberteil als Richtmaß verwenden. Anprobieren.

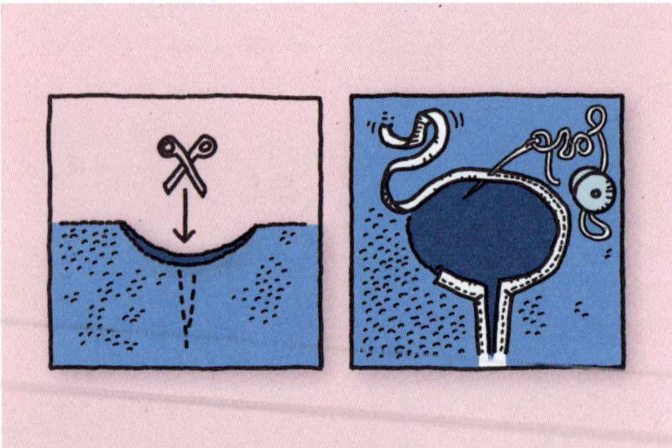

3. Optional den Ausschnitt an der Brustseite einschneiden (ca. 4 cm). Rund um die Öffnung (falls gesetzt, auch entlang des Einschnitts) Schrägband feststecken und absteppen.

4. Fertig ist der weiche Poncho, der die Kleidung bei Mahlzeiten vor Flecken schützt oder nach dem Baden gemütlich und schnell übergeworfen ist.

WICKEL DICH GLÜCKLICH

Wickeln ist gar nicht so schlimm. Man muss nur wissen, wie.

Pipi-Tipi! Es ist kein Mythos: Sobald man Jungs im Säuglingsalter die Windel auszieht, nehmen viele die kühle Luft zum Anlass, in hohem(!) Bogen zu pullern. Nehmen Sie vor dem Öffnen der Windel ein Feuchttuch und legen Sie es zügig auf den Penis.

Wickelunterlagen sind teuer und belasten die Umwelt. Legen Sie stattdessen die neue Windel unter das Baby, bevor Sie die volle Windel öffnen. Nach dem Säubern alte Windel entfernen und die neue liegt schon an der richtigen Stelle.

Bodys mit Schulterklappen lassen sich nach unten ausziehen – wirklich sinnvoll bei Kacktastrophen.

Manche Kinder beschweren sich lautstark über das Wickeln, nicht weil sie das Umziehen nicht mögen, sondern einfach, weil sie nicht gerne da rumliegen. Ziehen Sie sie schon vorher auf ihrem Schoß ein wenig aus, dann geht der Teil im Liegen schneller.

Bei Kacka-Desastern geht das Säubern manchmal schneller, wenn man den Kinderpo unter dem Wasserhahn abspült. Das schont auch die zarte Haut, weil man nicht so lange darauf herumreiben muss.

Ein Körbchen mit Spielzeug, das nur beim Wickeln verwendet wird, macht die Prozedur für Kinder etwas kurzweiliger.

Wickeln Sie quirlige Kinder auf dem Boden, das ist weitaus stressfreier.

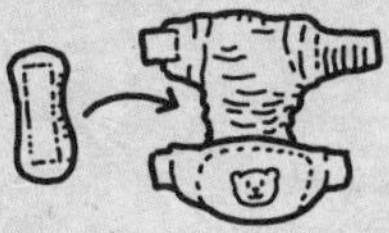

Doppeldecker: Wenn Ihr Kind sich nachts immer vollpieselt, können Sie eine Binde (unparfümiert!) in die Windel legen, das sorgt für zusätzlichen Nässeschutz.

Klebestreifen abgerissen? Legen Sie eine zweite Windel um den Po, die hält die defekte an Ort und Stelle. Oder fixieren Sie die Windel mit einem Pflaster.

MOBILE WICKELSTATION

TRAGBAR: So wird das Wickeln zum Kinderspiel auf allen Ebenen.

Achten Sie darauf, dass Ihre Wickelstation einen **GRIFF** hat, das erleichtert die Sache mit der Mobilität.

Funktionieren Sie Flaschentransportkörbe, Stoff- oder Filzkörbchen zu praktischen **WINDEL-CADDYS** um.

DIE WICKELKOMMODE ist oben im Haus, der Wohnbereich unten? Sparen Sie sich ewiges Treppenlaufen (besonders im Wochenbett!) und deponieren Sie voll ausgestattete Wickelstationen in Körbchen neben dem Sofa, am Bett, im Kinderzimmer, eben überall, wo Sie sich mit Ihrem Baby aufhalten. Denn wie oft passiert es, dass man das frisch gewickelte Baby nach unten bringt, nur um es kurz darauf genüsslich donnern zu hören? Sehen Sie.

DIY-WICKELAUFSATZ

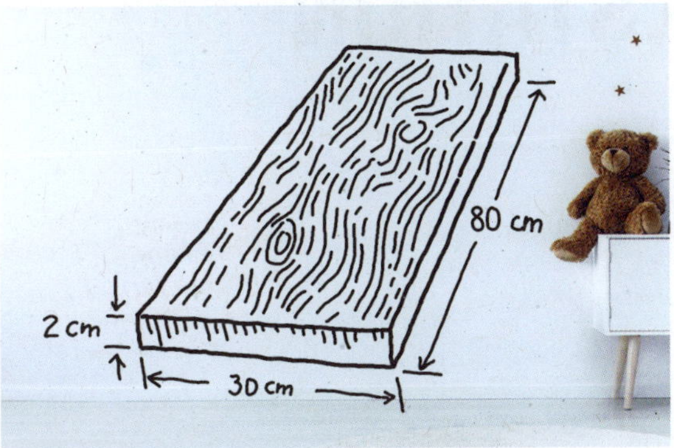

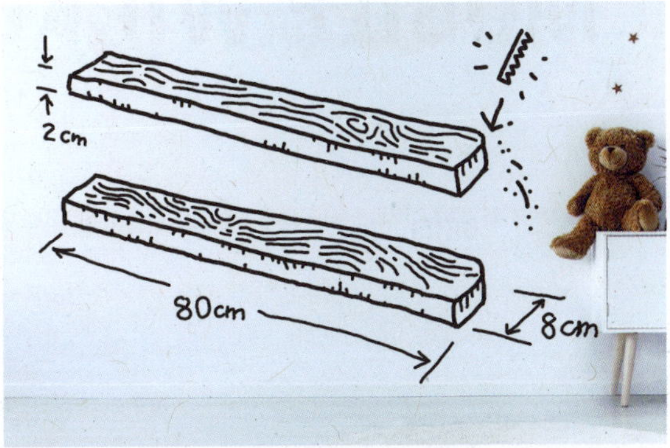

1. Eine Holzplatte (20 mm dick) 30 × 80 cm bzw. der Breite der Kommode entsprechend zuschneiden. Unbehandeltes Holz verwenden oder mit wasserbasiertem Acryllack lackieren.

2. Für die Seitenteile zwei Bretter (20 mm dick, ca. 8 cm breit, Länge: 30 cm + Tiefe der Kommode) jeweils an einer Ecke mit der Stichsäge abrunden, glattschmirgeln, lackieren.

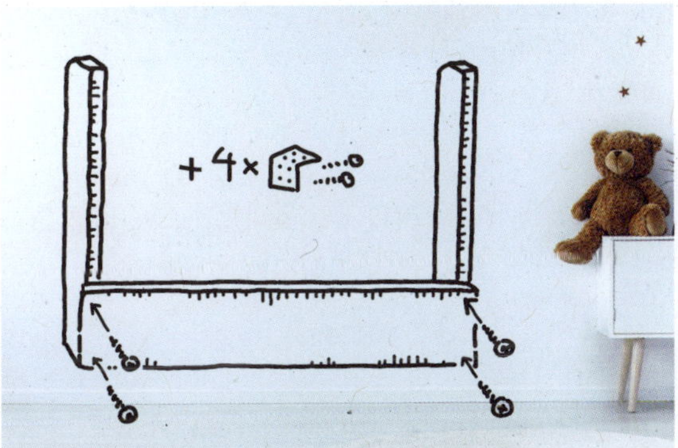

3. Seitenteile mit Schrauben auf der Holzplatte befestigen, sodass ein „U" entsteht. Auf die Kommode setzen, mit Winkeln an Kommode und Wand befestigen.

4. Hinter der Wickelkommode entsteht Stauraum für Ersatzwindeln oder anderes Zubehör. Bauen Sie Regalbretter ein, bevor Sie die Kommode befestigen, sonst wird's eng!

VOLL IM EIMER – TROCKEN WERDEN

1 Timing

Der richtige Zeitpunkt zum Trockenwerden ist bei jedem Kind ein anderer. Lassen Sie sich nicht vom Alter leiten, sondern achten Sie auf Zeichen, die Ihr Kind Ihnen gibt:

- Interessiert es sich plötzlich dafür, wenn die Eltern zur Toilette gehen?
- Sagt es Bescheid, wenn es gemacht hat?
- Und wenn Ihr Kind vielleicht selber anregt, auf Windeln zu verzichten, dann nutzen Sie unbedingt diesen motivierten Zeitpunkt!

2 Klo-Outfit

- Verzichten Sie auf geknöpfte Bodys. „Große-Kinder-Unterwäsche" macht stolz und ermöglicht selbstständiges Aus- und Anziehen, ebenso wie Hosen mit elastischem Bund. Höschenwindeln senden uneindeutige Zeichen, durch sie verändert sich für das Kind zu wenig.
- Einleuchtender ist es, komplett auf Windeln zu verzichten.
- Notfalls Binden in die Unterhose kleben, so entsteht zumindest weniger Müll.
- Den Autositz mit einer Unterlage schützen.

3 Das Örtchen

- Wenn Ihr Kind nicht auf das Töpfchen gehen möchte, probieren Sie mal das Klo aus – und umgekehrt.
- Jungs passiert auf der Toilette manchmal ein Fontänenmalheur, also besser keinen Teppich vor das Klo legen.
- Kleine Klokönige drücken gerne mehrfach auf die Spülung: Kleben Sie die „große Taste" ab, dann trifft es vielleicht nur die Spartaste.
- Das Pipi will nicht kommen, obwohl das Kind mal muss? Sorgen Sie für Entspannung, zum Beispiel mit einem Buch für die „Sitzung". Manchen Kindern hilft auch einfach der Satz „Entspann Dich."

4 Ablauf

Kinder müssen erst lernen, den Harn zurückzuhalten und rechtzeitig Bescheid zu sagen.

- Stellen Sie einen Wecker und gehen Sie alle 30 Minuten mit Ihrem Kind zur Toilette.
- Vernachlässigen Sie in dieser Zeit nicht das Trinken. Wo nix ist, kann nix laufen.
- Wenn es irgendwann alleine geht, hilft ein bebilderter Ablaufplan:

1. Pipi machen,
2. Abputzen,
3. Abspülen,
4. Hände waschen,
5. Licht ausmachen.

VON DER ROLLE

MASSVOLL: Setzen Sie deutliche Signale, wenn es um Klopapierverbrauch geht.

DIE VERLOCKUNG IST GROSS: Einmal anstoßen und schon kommt der Papierspaß ins Rollen, die ganze Klopapierrolle ist ratzfatz geleert – und landet hoffentlich nicht als Gesamtpaket in der Toilette.

ALS ERINNERUNG an die maximale Länge, die Ihr Kind verwenden soll, können Sie buntes Klebeband als Grenze auf die Fliesen kleben, falls nötig mit Pfeil oder Stoppschild. Alternativ ein Band als Längenvorgabe an den Halter knoten.

KUNTERBUNTE ZEITFENSTER

SIGNALWIRKUNG: So bekommen Kinder ein Gefühl für Zeiträume und können sich in Selbstständigkeit üben.

Wenn sich das Zifferblatt nicht herausnehmen lässt, können Sie Dreiecke aus bunter, **TRANSPARENTER KLEBEFOLIE** auf das Glas kleben.

Steht ein trubeliger Familientag bevor? Speichern Sie als **ERINNERUNG** die Aktivitäten Ihrer Kinder als Screensaver auf Ihrem Handy.

EWIGES NACHMITTAGSCHAOS? Bunte „Tortenstücke“ auf der Wanduhr sorgen für klare Struktur. Achten Sie auf gut lesbare Zahlen, damit ein Blick zur Orientierung reicht. Markieren Sie auf dem Zifferblatt die einzelnen Zeiträume für sich wiederholende Abläufe (Hausaufgaben, Spielen, Essen …) in unterschiedlichen Farben und befestigen Sie geschriebene oder bebilderte Schilder mit den Aktivitäten in den entsprechenden Farben darunter.

ZÄHNCHEN ZEIGEN

Aller (Putz-)Anfang …

Zähneputzen muss sein – aber bis das für Kinder einleuchtend ist, ist es manchmal ein langer Weg. Selbst, wenn man damit sofort beim ersten Aufblitzen des Zähnchens beginnt, finden viele Kinder diesen Eingriff in den Mund nämlich schier frech und wehren sich mit aller Kraft. Lassen Sie sich einmal von Ihrem Partner die Zähne putzen und Sie werden gleich etwas besser verstehen, wie sich das für Ihr Kind anfühlt.

Fokus Pokus

Manchen Kindern tut es gut, wenn man ihnen während des Putzens ein Buch vorliest, das lenkt sie ein wenig ab. Andere wiederum haben Spaß an kleinen Zahnputzliedern, die spielerisch durch den Ablauf führen. Mit größeren Kindern kann man natürlich auch Bücher zum Thema anschauen, damit sie den Grund für das Putzen etwas besser nachvollziehen können.

Kleine Putzhelfer

Viele Kinder springen super auf Handpuppen (oder Waschlappentiere) an. Das erfordert etwas schauspielerische Hingabe Ihrerseits, aber Pferd, Drache oder Nashorn haben manchmal erstaunlich viel Überzeugungskraft. Auch kleine Geschichten können Wunder wirken: Lassen Sie der Kreativität freien Lauf und rufen Sie zum Beispiel die Zahnschutzmannschaft ins Leben oder nehmen Sie dafür Bücher zu Hilfe. Und für einen Spaß zwischendurch könnten Sie sich gegenseitig die Zähne putzen – aber nur, wenn Sie ein gelassener Mensch sind.

Umgang mit Süßigkeiten

Wie viele Süßigkeiten Kinder essen dürfen, muss jedes Elternpaar selbst entscheiden. Es hilft Kindern in jedem Fall, diesbezüglich klare Regeln zu kennen. Gewöhnen Sie den Süßschnäbeln an, anschließend zumindest Wasser zu trinken – bestenfalls werden nach 30 Minuten (vorher ist der Zahnschmelz durch die Säure, die durch Süßigkeiten oder Obst entsteht, zu empfindlich) die Zähne geputzt.

ZAHNPUTZSTATION

ALLES PARAT: Wenn einen der Zahnputzbecher so nett anlächelt, schrubbt man gleich umso lieber drauflos.

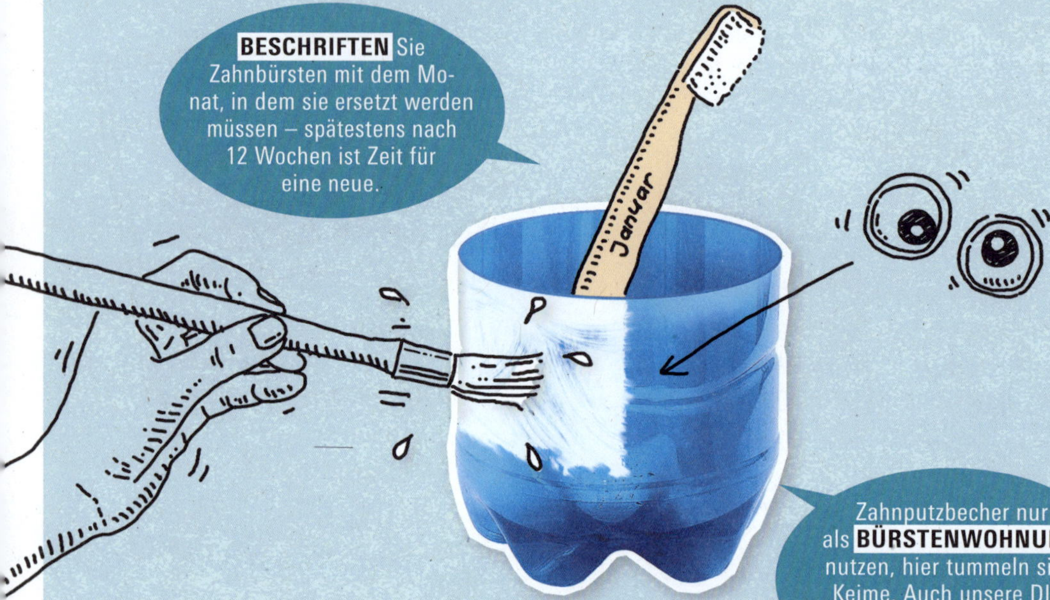

BESCHRIFTEN Sie Zahnbürsten mit dem Monat, in dem sie ersetzt werden müssen – spätestens nach 12 Wochen ist Zeit für eine neue.

Zahnputzbecher nur als **BÜRSTENWOHNUNG** nutzen, hier tummeln sich Keime. Auch unsere DIY-Modelle eignen sich nicht als Trinkgefäße!

EINE PET-FLASCHE (besonders hübsch sind diejenigen, die unten bauchig sind) mit einer Schere im unteren Drittel durchschneiden und gut abtrocknen. Mit einem Feuerzeug den Rand erhitzen, dann ist er nicht mehr scharf.

DEN BECHER MIT ACRYLLACK von innen (oder mit Acrylfarbe von außen) weiß färben. Nach dem Trocknen mit Permanentmarker ein freundliches Gesicht aufmalen. Wackelaugen sind optional, kommen aber immer super an.

BILDSCHÖNE ZÄHNE

BLITZBLANK: Spielerisch wird Kindern so gründliches Zähneputzen vor Augen geführt.

Das Gebiss können Sie selber zeichnen, es gibt aber auch viele verschiedene **AUSMALBILDER** im Internet kostenlos zum Ausdrucken.

Statt fieser Fleckchen können Sie Ihr Kind auch **MINIMONSTER**, wuschelige Bakterien oder Handwerker wegputzen lassen.

ZÄHNEPUTZEN BLEIBT JAHRELANG Thema in Familien. Statt sich den Mund fusselig zu reden, können Sie zur Abwechslung Bilder sprechen lassen. Dafür brauchen Sie ein DIN-A4-großes Bild eines Gebisses. Laminieren Sie es (entweder selber oder im Copyshop) und malen Sie mit bunten abwischbaren Stiften (Boardmarker) Flecken auf die Zähne. Und dann schicken Sie einfach die Zahnputzkolonne mit einer alten Zahnbürste zum Schrubben los.

FIEBERHAFT

Wenn der Bi-Ba-Butzemann statt herumzutanzen nur noch schlapp ist, ist jeder Tipp Gold wert.

Nase verstopft? Legen Sie bei älteren Kindern ein Keilkissen unter die Matratze des Kindes, dann kann es nachts etwas besser atmen. Vorsicht: nicht bei Babys anwenden!

Hat der Arzt Antibiotika verschrieben, ist regelmäßige Einnahme wichtig. Eine Tabelle auf der Medizinpackung verhindert, dass Sie eine Dosis verpassen oder, fast noch ungünstiger, doppelt geben.

Wunde Nasen oder Leckekzeme mit Brustwarzensalbe betupfen. Sie lindert die Rötung und ist auch für Säuglinge verträglich.

Welpenmatten oder Wickelunterlagen unter dem Eimer neben dem Bett schützen den Boden bei explosiven Magen-Darm-Infekten.

Ersetzen Sie nach dem Infekt die Zahnbürste des Kindes, damit es sich nicht erneut ansteckt.

Selbstgemachtes Eis am Stiel versorgt Kinder mit Flüssigkeit. Dafür Wasser mit Honig und Zitronensaft mischen und in kleine Joghurtbecher füllen. Ein Holzstäbchen hineinstecken und mit einer Wäscheklammer mittig fixieren. Über Nacht einfrieren.

„Wenn ein Löffelchen voll Zucker bitt're Medizin versüßt …". Tauchen Sie Mary-Poppins-mäßig einen Lutscher immer wieder hinein, vielleicht nimmt Ihr Kind dann die eklige Medizin.

Gemütliche Ecken und Höhlen verlocken dazu, sich darin auszuruhen. Richten Sie kleine Stationen ein, damit der kleine Patient sich auch in anderen Räumen als dem Kinderzimmer erholen kann.

Zum Zeitvertreib im Bett kann man ein Backblech zum Maltablett umwandeln. Dazu Papier, Stifte und Magnete und die nächsten fünf Minuten sind gerettet.

Bauen Sie aus Schuhkartons und Waschlappen kleine Krankenbetten für Kuscheltiere und Puppen. Geteiltes Leid, Sie wissen schon.

SCHNUPP UND WEG!

HYGIENISCH: So werden die benutzten Taschentücher nicht im Zimmer verstreut.

Befestigen Sie eine leere **TASCHENTUCHBOX** an der vollen, dann haben es Ihre Kinder nicht weit zum Mülleimer.

Befestigen Sie die Boxen mit **GUMMIBAND** aneinander statt mit Kleber, dann können Sie die volle Box leicht abnehmen und entsorgen.

IN DER SCHNUPFENSAISON verbrauchen Kinder mitunter bergeweise Taschentücher. Mit dem Mini-Taschentucheimer türmen sich diese nicht irgendwann neben/unter/hinter dem Bett und kranken Kindern bleibt der Weg zum großen Mülleimer erspart. Hardcore-Schleimattacke? Halten Sie die kleinen Patienten dazu an, sich regelmäßig die Hände zu waschen. Ansonsten: Für frische Luft sorgen, viel zu trinken geben und Näschen eincremen.

KÖRPERCHEN-PFLEGE

1 Schön im Schlaf

Nach den ersten 20 Minuten schlafen die meisten Kinder tief und fest und man kann ihnen in aller Ruhe die Pflege angedeihen lassen, gegen die sie im wachen Zustand protestieren. Nägel schneiden, wunde Popos eincremen, Öhrchen reinigen, Pony schneiden oder Fieber messen lassen sich so stressfrei erledigen.

2 Nägel schneiden

Damit sie nicht einwachsen, Fingernägel entlang der Biegung der Fingerkuppe schneiden, Fußnägel jedoch gerade – und nicht zu kurz! Achten Sie auch darauf, dass die Söckchen nicht zu eng sind. Nagelklipser rechts und links mit Klebeband bekleben, dann fliegen die Nägelchen nicht durch die Gegend.

3 Mein kleiner Pony

Lange Ponyfransen stören meistens die Eltern mehr als die Kinder selbst – und das Schneiden löst nur selten Begeisterungsstürme aus. Falls Sie sich dennoch für eine neue Babyfrisur entscheiden, benutzen Sie eine Nasenhaarschere. Sie ist scharf, hat aber abgerundete Spitzen und kurze Klingen.

4 Flutschfinger

Ein glitschiges Baby ist schon schwer genug im Griff zu behalten, da muss man nicht auch noch mit wegflutschenden Shampooflaschen kämpfen: Wickeln Sie ein paar Haushaltsgummis um die Flaschen, dann rutschen sie Ihnen nicht aus der Hand.

5 DIY-Feuchttücher

Statt haufenweise Wegwerfprodukte zu benutzen, die Läppchen einfach selber machen: 10 × 10 cm große Tücher aus alten T-Shirts schneiden, falten und in eine saubere Dose legen. Wasser abkochen, lauwarm abkühlen lassen und etwas Mandel- oder Babyöl zugeben. Über die Tücher gießen, bis sie leicht getränkt sind. Wegen Keimgefahr aber nicht länger als einen Tag aufbewahren.

6 War 'ne Wanne

Babybadewannen leisten eine Zeit lang gute Dienste, aber was macht man damit, wenn der Spross rausgewachsen ist? Verwenden Sie sie als Wäschekorb, kleinen Sandkasten, Getränkekühlbox beim Gartenfest oder Sammelstelle für Blumenerde & Co.

ZÄHNEPUTZTABELLE

ABGEHAKT: Zähneputzen ist nicht schwer, daran denken umso mehr? So behalten Kinder und Eltern den Putzüberblick.

Die Tabelle kann auch **ERWEITERT** werden, fügen Sie ruhig Haarebürsten oder Gesicht- und Händewaschen hinzu.

Wer mag, kann dem Kind am Ende der Woche eine kleine **BELOHNUNG** geben, die Tabelle kann aber auch einfach dem Überblick dienen.

FEHLT DIE PUTZMOTIVATION oder muss einfach nur eine Erinnerung her? Eine kleine Zähneputztabelle im Badezimmer hilft, beim Morgen- und Abendritual die Beißerchen nicht zu vergessen. Markieren Sie die Wochentage und das Putzen nach Frühstück und Abendessen. Wenn Sie die Tabelle laminieren, können Sie sie wiederverwenden und Ihr Kind nach jedem Putzen einen ablösbaren Sticker (Zähne, Sternchen und vieles mehr finden sich im Internet) aufkleben lassen.

Knirscht's im Gebälk?

Nur mal kurz gucken, ob im Schlummerland alles ok ist … und „Knarz!“ – alle sind wieder wach. Quietschende Holzdielen werden zur Ruhe gebracht, wenn man etwas Babypuder darauf streut.

GUTE NACHT

So sehnsüchtig Eltern auf friedliche Abende hoffen, so knifflig kann die Sache mit dem Einschlafen manchmal werden. Ein paar Kleinigkeiten erleichtern Ihren Kindern den Übergang vom spannenden Tag zur Nachtruhe. Und wenn sie auch Ihnen helfen, zur Ruhe zu kommen: umso besser!

Abendroutine Das „Bettfertigmachen" sollte möglichst immer gleich ablaufen. Besonders für Babys ist diese Routine wichtig, dadurch fällt es ihnen leichter, zu spüren, wann Schlafenszeit ist.

Lüften Sie das Schlafzimmer abends gründlich durch; die empfohlene Schlaftemperatur liegt zwischen 16 und 18 °C.

Auf Medien wie Fernsehen sollte man abends verzichten, denn das helle bläuliche Licht macht wach und beim Filmegucken ist für Kinder von Entspannung meistens keine Rede. Lesen Sie ihnen lieber etwas vor, sanfte Stimmen wirken beruhigend.

Kuscheln Sie gemütlich. Dabei wird das Schlafhormon Melatonin ausgeschüttet, außerdem ist es ein Genuss und schenkt Geborgenheit. Viele Kinder erzählen beim abendlichen Kuscheln gerne, was sie am Tag bewegt hat, auch das entspannt.

Rötliches Licht ist für Nachtlichter zu empfehlen, denn es fördert ebenfalls die Produktion von Melatonin. Darüber hinaus erinnert es an die Zeit im Babybauch und hat dadurch auf viele Babys beruhigenden Einfluss.

Kinder fühlen sich geborgen, wenn es nach Mama oder Papa duftet. Benutzen Sie ein getragenes weiches Oberteil als Kissen- oder Matratzenbezug (für Babys keine Kissen verwenden). Manche Neugeborene wachen durch ihre manchmal aufzuckenden Ärmchen auf; Pucken kann für sie eine Wohltat sein.

Größere Babys sind in einem der Jahreszeit entsprechenden Schlafsack, in einem Bett ohne Spielzeug oder Kuscheltiere und auf einer nicht zu weichen Matratze am sichersten aufgehoben. Wählen Sie die Unterlage sorgfältig: Jede zweite Kindermatratze im Test 09/2018 der Stiftung Warentest war mangelhaft!

Übrigens: Baby- und Kindermatratzen unterscheiden sich nur in der Größe. Achten Sie beim Kauf darauf, dass Ihr Kind oben und unten mindestens 10 cm Platz hat; unter Umständen kann die erste Matratze für die ersten fünf Lebensjahre reichen.

2

GENIAL BESPASST

Ob Dauerregen, endlose Autofahrten oder einfach Sonntag: Diese Spiel- und Bastelideen vertreiben selbst die penetranteste Langeweile. Der Spaß muss gar nicht viel kosten, das meiste, was Sie brauchen, haben Sie bestimmt schon zu Hause. Und wenn's gut läuft, feiern Sie dabei genauso ab wie die Kinder.

LAAANGER NACHMITTAG

Altes Spiel, neues Glück

17:30 Uhr und kleine Kinder, knifflig, knifflig: Der Tag war lang, alle sind kaputt, aber jetzt ein Nickerchen wäre der Elternalptraum. Also müssen interessante, aber nicht allzu spannende Retter her. Packen Sie für diese Momente in weiser Voraussicht eine Box mit Spielzeug Ihres Kindes und deponieren Sie sie außerhalb seiner Reichweite. Schon nach ein bis zwei Wochen der Abwesenheit beglückt sie Ihr Kind wie eine Wundertüte.

Futter für Bücherwürmer

Einen ähnlichen Effekt kann man mit einer Bücherkiste erreichen, die an einem unbemerkten Ort auf ihren Einsatz wartet. Tauschen Sie immer mal die Bücher aus, entweder aus dem eigenen Fundus oder unter befreundeten Familien. Natürlich kann man sich auch in Stadtbibliotheken mit Lesestoff eindecken, manche bieten außerdem E-Books oder E-Hörbücher an, die man mit einem Tablet nutzen kann.

Krimskrams-Schatzkiste

Wenn Sie genügend Platz haben, können Sie auch eine Kramkiste anlegen mit allem, was für Ihr Kind vielleicht einmal zum Basteln oder Bestaunen interessant sein könnte: verschiedene Schachteln und Papprollen, leere Döschen, Federn, Stoffreste, Korken, Lederreste, Postkarten, Schlüssel, „Beutestücke" von Ausflügen, Schneekugeln, Modeschmuck oder Ihre alte Sonnenbrille, ein kleiner Spiegel oder ein Kaleidoskop. Glänzende Augen vorprogrammiert!

Küchenhelfer

Die meisten Kinder lieben es, mit den gleichen Gegenständen in der Küche zu hantieren wie die Großen. Füllen Sie eine der untersten Küchenschubladen mit unempfindlichen kindgerechten Alltagsgegenständen wie Plastikdosen, Sieben, kleinen Töpfen oder Rührlöffeln, dann hat auch die Mini-Küchenchefin etwas zu werkeln, während Sie das Abendessen zubereiten.

SPASSGLAS

LANGEWEILEVERTREIBER: In einem Glas warten viele tolle Spielideen nur darauf, gezogen zu werden.

Langeweile kann kreativ machen, aber manchmal steht man voll auf dem Schlauch. **IDEENGLÄSER** helfen aus der Schulterzuckstimmung heraus.

Im Bastelladen gibt es **BASTELHÖLZER** in unterschiedlichen Breiten, ebenso eine große Auswahl an bunten Klebebandern.

GEGEN ENDE DER SOMMERFERIEN ist es meistens soweit: Man kennt das Schwimmbad inund auswendig, der beste Freund ist noch verreist, und überhaupt ist alles sooo langweilig! Das Spaßglas rettet uns mit vielen coolen Ideen aus diesem Tal der Ödnis. Markieren Sie die Stäbchen farbig, je nachdem, ob es etwas Kreatives oder Sportliches, Ruhiges oder Wildes, Albernes oder Schlaues, etwas für die ganze Familie, für drinnen oder draußen ist.

DEM REGEN EINE KLEBEN

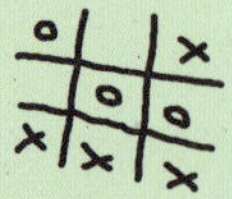

Spinnennetze
kleben cool! Kreppband im Türrahmen zum Gitter spannen und Papierknäuel und anderes weiches (!) Wurfmaterial draufdonnern.

Drei gewinnt
und Twister verbinden sich hier mit einfachsten Mitteln: Mit Händen und Füßen wird versucht, eine Dreierreihe im Tapegitter zu bilden.

Rennstrecken
für Spielzeugautos einfach über die komplette Sofalandschaft tapen lassen – allein die Verkehrsplanung beschäftigt Kinder schon eine Weile.

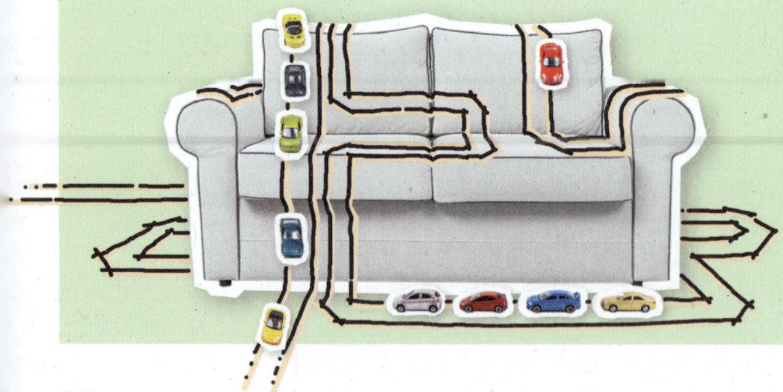

Tape + Flur = Ninja-Parcours!
Der kleine Hindernislauf weckt den Ehrgeiz besonders, wenn an seinem Ende ein Schatz auf die Abenteurer wartet.

Flugziel erreicht! Der Papierfliegerpilot, der die sanfteste Punktlandung setzt, gewinnt – so zischen die spitzen Geschosse etwas kontrollierter durchs Zimmer.

Himmel und Hölle kann man bei miesem Wetter auch zu Hause spielen. Fix mit Kreppband Felder und Zahlen aufkleben und gegen den Hüttenkoller anhüpfen.

Langer Atem wird für dieses Pustelabyrinth gebraucht. Mit Kreppband Wege aufkleben, Strohhalm und Wattebausch holen und zack – Spaß in den Backen!

Treffer! Aus immer größerem Abstand Sandsäckchen in passende Farbfelder werfen. Wer keine Säckchen hat, füllt Socken mit Reis, die kullern auch nicht.

FEIN FÜR FUMMLER

SPANNEND: Dieses Geschicklichkeitsbord ist Leistungssport für die Synapsen!

Befestigen Sie das **GESCHICKLICHKEITS-BORD** oben und unten an der Wand, damit es weder umkippen noch abgezogen werden kann.

Außer einem Brett und Schrauben müssen Sie **NICHTS KAUFEN**: Alles, was für Ihr Kind interessant ist, finden Sie in Ihrem Haushalt.

IHR KLEINKIND FINDET, Rasseln sind Babykram, aber der Taschenrechner superhot? Kann man irgendwie verstehen. Fördern Sie diesen Forscherdrang und bauen Sie ein spannendes Fummel-Raschel-Schieb-Tipp-Brett mit all den Dingen, die Ihr Kind faszinieren: Spiegel, Schalter, Dinge mit Klett- oder Reißverschluss, Dosen mit Deckel (Boden am Brett befestigen), etwas zum Klappen – und natürlich den coolen Taschenrechner (mit Heißkleber befestigen).

BASTELALARM!

Mit einer Handvoll Kniffen gegen Glitzerpest und Perlchendesaster bleiben sogar Eltern bei Laune.

Basteln fördert Konzentrationsfähigkeit und Feinmotorik und Kinder lieben es. Höchste Zeit, sich auszustatten!

Zur Survival-Bastelausrüstung, die man unbedingt im Haus haben und regelmäßig kontrollieren und auffüllen sollte, gehören Stifte, Kleber (gerne auch Heißkleber), Schere und Cutter, buntes Papier, Klebebänder, Farben, Stoffreste, alte Kartons und Pappe, Wolle- und Bänderreste, Luftballons.

Als Bonusmaterial könnte man sich mit Schnickschnack wie Pompons, Moosgummi, Filz, Perlchen, Zickzackschere und Glitzer eindecken.

Überhaupt Glitzer: ganz wichtiges Thema. Füllen Sie Glitzerpulver unbedingt in einen leeren Salzstreuer. Selbst die behutsamsten Kinder sind der Kraft des Glitzers nicht gewachsen, wenn die Dosenöffnung zu groß ist.

Ein Backblech bildet eine tolle Bastelunterlage, wenn mit Perlchen gearbeitet wird, denn der Rand hält Herumkullerndes auf.

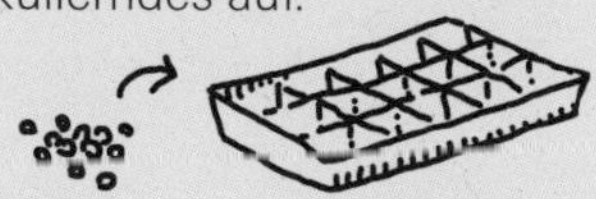

Zum Portionieren von Perlchen, Schmucksteinen und anderem Krimskrams einen Eiswürfelbehälter verwenden.

Ist doch mal Kleinkram auf dem Boden gelandet, einfach eine Socke als Auffangnetz über das Staubsaugerrohr stülpen.

Eine Papierschneideschere schneidet, wie der Name schon sagt, ausschließlich Papier. Allen zu empfehlen, deren Kinder gern Friseur spielen.

Aufkleber lassen sich leichter vom Bogen lösen, wenn man den umgebenden Außenbereich abzieht.

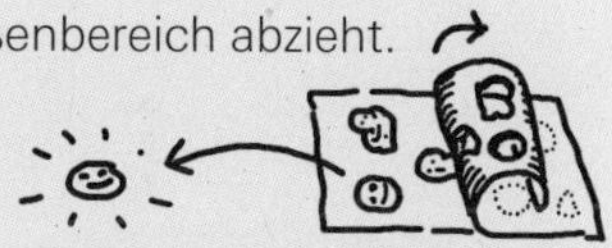

Ein feuchtes Schwämmchen in eine verschließbare Dose legen und weißen Bastelkleber darauf geben. Für eine dünne Kleberschicht können Papierschnipsel einfach darauf gedrückt werden. Nach dem Basteln verschließen, dann trocknet der Kleber nicht aus.

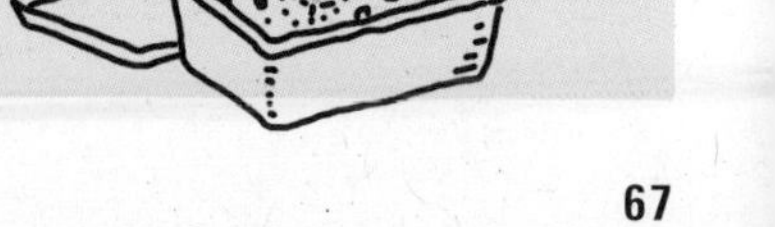

FIX GEBAUT

Bügelperlenbilder

kriegen als Kreisel neuen Schwung, wenn man einen Zahnstocher durch die Mitte schiebt (obere Spitze abschneiden).

Für Becherwurfspiele

einen Wollfaden (je länger, desto schwieriger) um eine bemalte Klorolle binden, eine Holzkugel dranknoten und ins Loch schwingen.

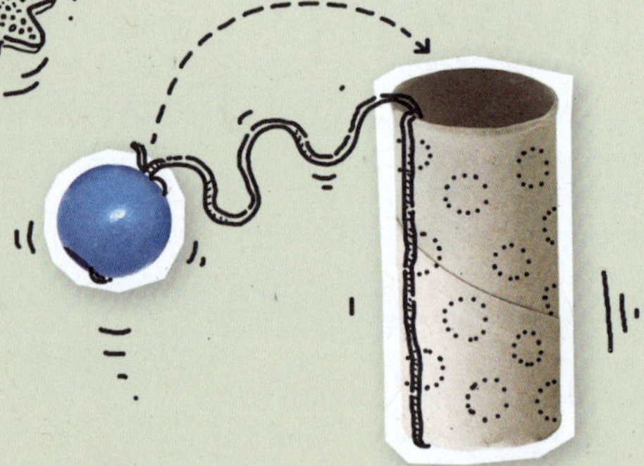

Dosen

werden zu Steckspielen, wenn man mit einem Cutter einen Schlitz in den Deckel schneidet, sodass kleinere Dinge wie Knöpfe gerade durchpassen. Scharfe Kanten abschleifen!

Tick tack

macht diese Uhr zwar nicht, hilft aber beim Lernen. Auf einen Pappteller Zahlen schreiben, Zeiger ausschneiden und mit einer Klammer fixieren.

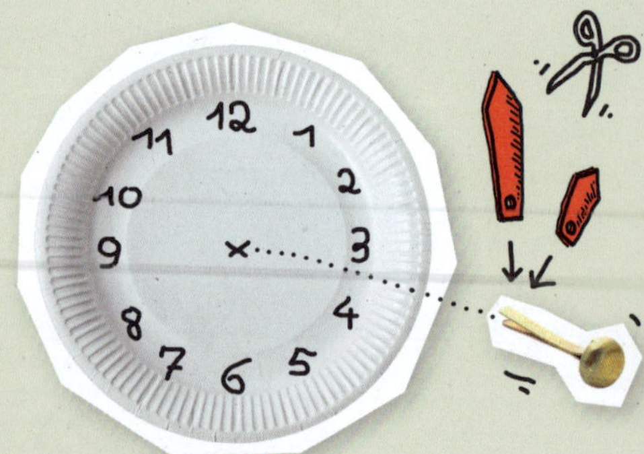

Alte Schlüssel,

die schlosslos rumliegen, werden bunt bemalt zu einem schönen Windspiel. Einfach an einen Stock hängen und dem Wind lauschen.

Lichtschwerter

für harmlose Fights bastelt man aus halben Poolnudeln. Das Ende mit silbernem und schwarzem Klebeband gestalten und auf die Macht hoffen.

Für Pusteraketen

einen Streifen Papier wie eine Hülse locker um das Ende eines Strohhalms schlagen und mit Klebeband umbinden. 3, 2, 1, lift off!

Fallschirm

Die Ecken einer Serviette abrunden und mit Klebeband verstärken. Vier Fäden anbringen, je zwei zusammenknoten. Nun noch die Enden an einer Figur befestigen.

MASSEN-PRODUKTION

1 Babyweiche Knete

In einem Topf 300 g Mehl, 100 g Salz, 2 EL Speiseöl und ½ EL Weinsteinbackpulver (oder 1 EL Zitronensaft) mit 250 ml Wasser vermischen und bei niedriger Hitze erwärmen, bis eine gebundene Masse entsteht. Vom Herd nehmen, abkühlen lassen und Lebensmittelfarbe einkneten.

2 Salzteig

1½ Tassen Mehl mit ½ Tasse Speisestärke, 1 Tasse Salz, 1 EL Speiseöl und 1 Tasse heißem Wasser vermengen und losmodellieren. Über Nacht trocknen lassen. Am nächsten Tag bei ca. 120 °C ein bis zwei Stunden backen. Nach dem Abkühlen kann bemalt werden.

3 Easy Fingerfarbe

Für einfache Fingerfarbe 4 EL Mehl mit ca. 100 ml Wasser und Lebensmittelfarbe oder stattdessen mit Rote-Bete-Saft (magenta), Spinatsaft (grün), Kurkumapulver (gelb), Heidelbeersaft (lila) oder Zwiebelschalensud (braun) vermischen.

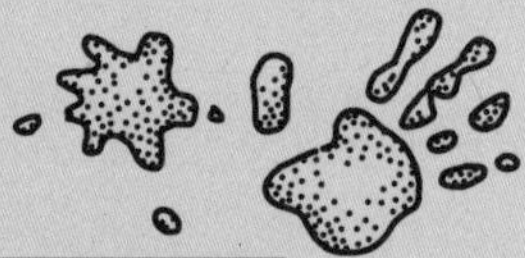

4 Straßenkreide

2 Tassen Gips (Bastelladen) mit 1 Tasse Wasser und Lebensmittelfarbe (oder mit den oben genannten Säften) verrühren, bis die Masse breiig wird. Dann zügig in Silikonförmchen gießen. Alternativ kann man Plätzchenausstecher auf Backpapier setzen und mit der Masse füllen. Nach zwei bis drei Tagen ist die Kreide durchgetrocknet.

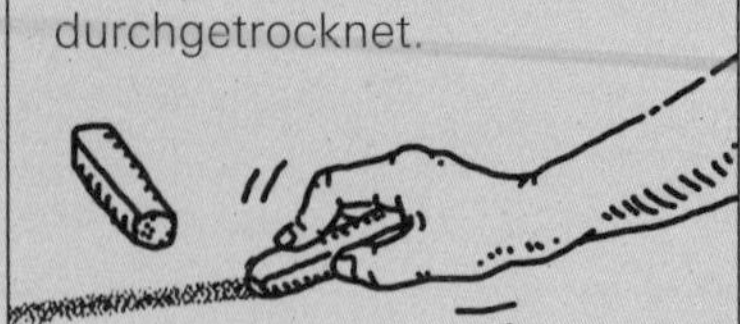

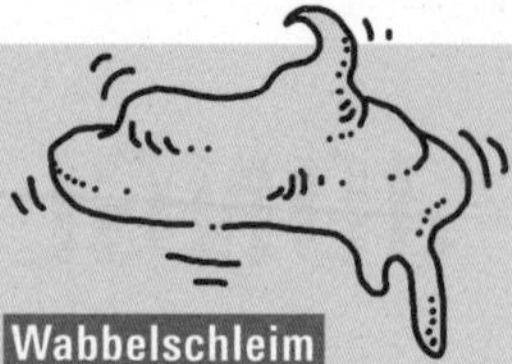

5 Wabbelschleim

Für eklig-tollen Schleim 250 ml warmes Wasser in einem Mixbecher mit einem kleinen Milchaufschäumer mit 5 g Natron verquirlen. Anschließend 1 TL Guarkernmehl (Bioladen) und ca. 1 EL Kontaktlinsenlösung unterrühren. Anschließend mit ordentlich grüner Lebensmittelfarbe einfärben und Ghostbusters spielen.

6 Kinetischer Sand

Für diese tolle Masse vermischt man in einer Schüssel 1 Becher Vogelsand, 2 gehäufte EL Speisestärke, 1 TL Spülmittel, ca 3½ EL Wasser und Lebensmittelfarbe. Wer mag, gibt Glitzerpulver zu. Mit dem Schneebesen verrühren und 1–2 Stunden trocknen lassen. Der Sand kann geformt, zerbröselt, geschnitten und geknetet werden.

JONGLIERBÄLLE

ALLES IM GRIFF: Jonglieren fördert die Reaktionsfähigkeit und macht vor allem sehr viel Spaß!

Kleine Kinder sollten mit den **BÄLLEN** nicht spielen – wegen der Erstickungsgefahr, falls sie doch einmal kaputtgehen.

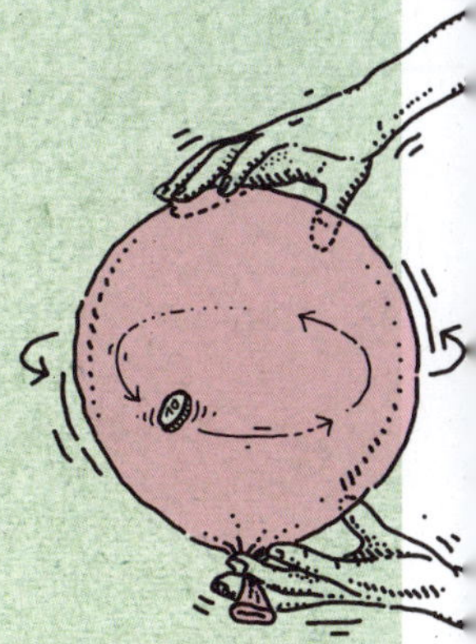

Ballonwirbelspaß für Kleine: Eine **MÜNZE** in einen Luftballon stecken, aufpusten, zuknoten und Münze darin zum Kreisen bringen lassen.

JONGLIERBÄLLE sind ratzfatz gemacht: Das Ende eines Ballons abschneiden (ca. 2 cm) und den Ballon für später bereitlegen. Mithilfe eines Trichters Reis, Mehl oder Sand in eine Flasche mit weiter Öffnung füllen und einen zweiten Ballon darüber stülpen. Flasche umdrehen, Ballon füllen. Das Ende dieses Ballons abschneiden und ersten Ballon über die Öffnung stülpen; eventuell dritten Ballon dazu nehmen. Anschließend noch verzieren oder gleich loslegen.

SPIELEND LERNEN

Dass Spielen für Kinder immer auch ein Lernprozess und in gewisser Weise Arbeit ist, ist den meisten Eltern klar. Umgekehrt muss aber der Spaß noch lange nicht aufhören, wenn es irgendwann um das „richtige“ Lernen geht, denn Spieleifer ist als starker und verlässlicher Motor nicht zu unterschätzen!

Mit diesen fünf Ideen lernen Kinder bastelnd die Buchstaben kennen, üben spielerisch Rechenaufgaben, bekommen ein besseres Verständnis für die Uhrzeit und im gleichen Zug eine hübsche Kinderzimmerdekoration. Und schon geht die Rechnung auf!

1 ABC-Buch

Jeder kleine Bastelfan bekommt leuchtende Augen bei der Aussicht, in Zeitschriften herumschnippeln zu dürfen, und wenn man ihnen freien Lauf lässt, verwandeln eifrige ABC-Schützen einen schlichten Ordner in Nullkommanichts in ein kunterbuntes Lexikon.

Gebraucht werden ein Ordner, Prospekthüllen, Papier, Schere und Kleber – und viele alte Magazine und Prospekte. Die Eltern schreiben die Buchstaben auf (X und Y dürfen in der Wortmitte auftauchen) und los geht die Rallye durchs Alphabet!

2 Matheperlen

Eine Rechenkette veranschaulicht Mengen in Fünferblöcken und ist eine schöne Idee für die Schultüte.

Gebraucht werden dafür 20 runde Holzperlen (ca. 10 mm Durchmesser) in zwei Farben, ein Lederband oder dickes Garn (ca. 40 cm), ein Anhänger (zum Beispiel ein „schlauer Fuchs“ oder das Lieblingstier des Kindes …) und eventuell eine Schrauböse. Das Band an den Anhänger knoten oder mithilfe der Öse daran befestigen. Die Perlen abwechselnd in Fünfergruppen auffädeln und das Band verknoten. Fertig!

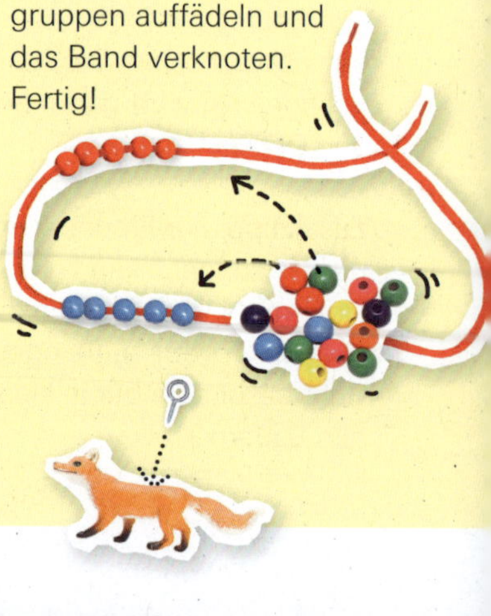

3 Deckelspiel

Das kleine Einmaleins zum „Begreifen“: Auf Flaschendeckel werden die Aufgaben geschrieben, die Lösung steht auf der Innenseite. Kinder können damit selber üben, es lässt sich aber auch gut zu zweit spielen: Alle Deckel kommen in einen Beutel, die Kinder ziehen abwechselnd. Bei der richtigen Antwort darf man den Deckel behalten.

Zusatztipp: Für Freunde langer „Sitzungen“ kann man einzelne 1×1-Tabellen gegenüber der Toilette aufhängen. Geht besonders gut in kleinen Bädern.

4 Mathe in 3D

Kinder „erfassen“ Mengen gerne mit dreidimensionalen Dingen, daher eignen sich Legosteine besonders gut für Rechenaufgaben.

Eine Methode ist, sie mit einfachen Textaufgaben zu kombinieren: „Baue einen Turm, der so lang ist wie dein Schuh. Wie viele Blöcke hast du gestapelt?“

Für ältere Kinder kann man sie auch sehr gut für das Veranschaulichen von Bruchrechnung nutzen. Dabei ist ein Baustein mit vier Reihen 1 Ganzes, einer mit drei Reihen ¾ … bis hin zum Einzelstein, der für ⅛ steht.

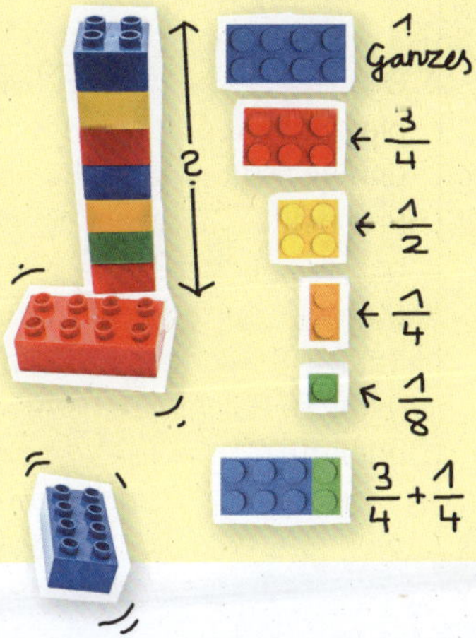

5 Blumenuhr

Kleiner Zeiger, großer Zeiger, Minuten, Stunden und warum heißt es bei der 2 nochmal „10 nach“? Die Uhrzeit zu lernen, kann ganz schön knifflig sein – so blicken Kinder etwas besser durch.

Gebraucht wird eigentlich nur buntes Tonpapier. Als Hinweis auf den kleinen Zeiger steht auf dem kleinen Blatt „Stunde“, das große wird entsprechend mit „Minuten“ beschriftet. Rund um die Uhr reihen sich Blütenblätter, die die Fünf-Minuten-Abstände bezeichnen („30“ auf der 6 und so weiter).

STARTLÖCHER

VERTIKAL: Statt in einer Kiste chaotisch übereinanderzuliegen, kriegt hier jedes Auto einen Privatparkplatz.

EIN BISSCHEN SAMMELN muss man schon, aber Sie werden staunen, wie schnell Sie 40 Klorollen zusammenhaben. Ansonsten braucht man für dieses coole Papp-Parkhaus bloß einen passenden Karton oder eine Holzkiste.

KLEBEN SIE die Rollen mit Bastelkleber aneinander und füllen Sie die Kiste damit. Anschließend offene Schnittkanten mit Papierklebeband bedecken und das Parkhaus nach Belieben bemalen, lackieren, mit Folie bekleben.

WÄSCHEKLAMMERFLITZER

1. Zunächst Wäscheklammern aus Holz von allen Seiten mit rasanten Mustern bemalen. Dafür werden dünne Pinsel, Acryl- oder Wasserfarben oder auch Filzstifte benötigt.

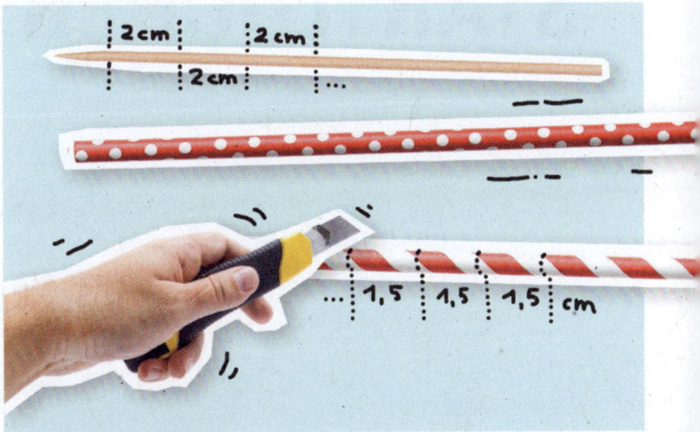

2. Während die Klammern trocknen, die Räder basteln: Einen Schaschlikstab in 2-cm-Stücke und einen Strohhalm in 1,5-cm-Stücke schneiden. Die Stäbchen in die Halme stecken.

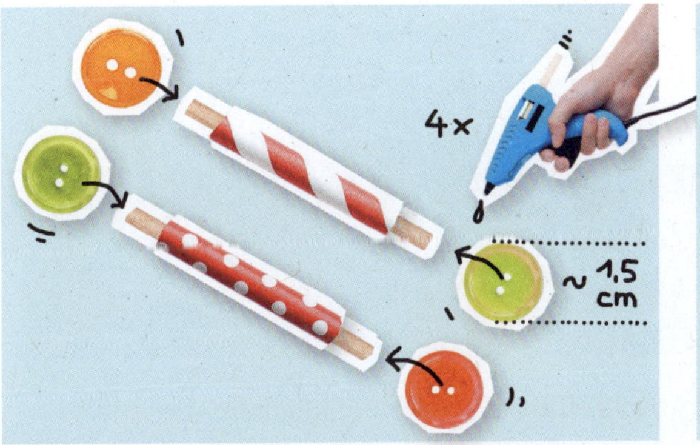

3. Pro Auto werden nun noch vier Knöpfe (ca. 1,5 cm Durchmesser) benötigt. An beiden Enden der Stäbchen mit Heißkleber je einen Knopf befestigen – fertig sind die Räder.

4. Die Vorderräder in das Loch der Wäscheklammer klemmen, die Hinterräder mit Heißkleber hinten zwischen die Klammerteile kleben. Und dann ab auf die Rennstrecke!

BAUBIBLIOTHEK

GEWUSST WIE: So behalten kleine Baumeister ihre Pläne im Blick.

SCHRAUBHÄKCHEN und Schlüsselringe gibt's im Baumarkt. Bohren Sie kleine Löcher in die Wand vor, dann geht das Eindrehen einfacher.

Dünne **ANLEITUNGSHEFTE** können gelocht (verwenden Sie Lochverstärker) oder in Klarsichtfolien aufgehängt werden.

BAUANLEITUNGEN sind für Lego-Fans nahezu ebenso kostbar wie die Steinchen. Wenn Ihr Kind sich also zu einem enthusiastischen Baumeister entwickelt, ist es sinnvoll, die Anleitungen sorgfältig aufzubewahren.

SCHRAUBHÄKCHEN nahe der Baufläche eignen sich für aktuell verwendete Hefte. Der Rest kann, nach Themen (Stadt, Raumfahrt …) oder Setnummern sortiert, in DIN A4- oder A5-Klarsichthüllen in einem Aktenordner lagern.

KEIN PLATZ FÜR MONSTER

MACH DEIN BRETT: Der Raum unter dem Bett wird genutzt und Spielszenerien bleiben erhalten.

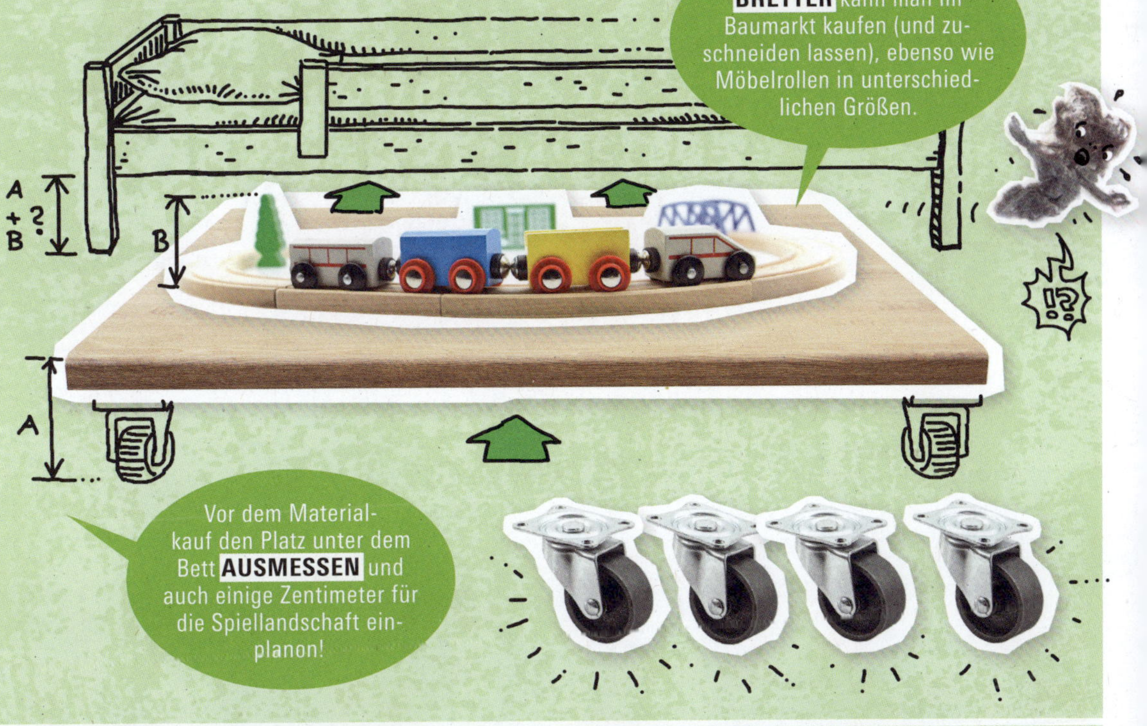

OB BAHNSTRECKE oder Bausteinlabyrinth: Manchmal wollen Kinder ihre mühsam aufgebaute Spiellandschaft ein paar Tage stehen lassen. Auf einem Rollbrett kann sie abends einfach unters Bett geschoben werden.

BEFESTIGEN SIE vier Möbelrollen mit kurzen Schrauben an den Ecken des Bretts – das war's! Wer mag, kann das Brett farbig lackieren und nach dem Trocknen die Schnittkanten mit Gewebeklebeband (Baumarkt) abkleben.

Eisbüffet

Eiskugeln schon vor der Party in Muffinförmchen setzen und ins Gefrierfach stellen, dann sind sie zum Nachtisch sofort griffbereit. Leckere Toppings darf sich jeder selbst drauftun.

PARTYTIME!

Partyplaner, Konditorin, Animateur – Berufe, die man als junger Mensch mal ganz cool fand. Bei einem Kindergeburtstag haben Sie den Jackpot geknackt und können all das auf einmal sein – yeah!

Ein guter Tag zum Feiern ist Samstag: Alle sind erholt und man kann noch schnell zum Supermarkt flitzen, falls etwas fehlt. Unter der Woche geht auch, aber tun Sie sich einen Gefallen und feiern Sie nicht freitags. Die Kinder (und Sie!) sind vermutlich kaputt von der Woche und auf entsprechend wackeligen Beinen steht dann die Laune.

Drei Stunden reichen meistens, besonders bei kleinen Kindern. Wenn Sie von 14–17 Uhr feiern, umgehen Sie die Hauptmahlzeiten und können die Zeit vollständig für Spiele und Kuchen nutzen.

Organisieren Sie für die Feier einen Babysitter, Verwandte oder Freunde, die Ihnen helfen. Wenn Sie groß feiern und es im Budget ist, bestellen Sie eine Putzhilfe für danach.

Backen Sie Rührkuchen schon ein paar Tage zuvor und frieren Sie ihn ein.

Gleiches für alle! Das gilt für die Gästetütchen wie auch für kleine Gewinne bei Topfschlagen & Co., dann entsteht kein Unmut.

Geschenkpapier hält gut zusammen, wenn man eine längs durchgeschnittene Klopapierrolle darum klemmt.

Geburtstagstisch: Bedecken Sie ihn mit einer bemalbaren Papiertischdecke und stellen Sie ihn, falls der Boden empfindlich ist, auf Wachstuch.

Manche Feiern sind Selbstläufer, andere brauchen ein paar handfeste Spielideen. Seien Sie darauf vorbereitet, aber unterbrechen Sie die Kinder nicht allzu häufig, wenn sie gut beschäftigt sind.

Spielen Sie Flaschendrehen zum Geschenkeöffnen (es wird immer das Geschenk desjenigen geöffnet, auf den die Flasche zeigt), wenn alle da sind. Das Geburtstagskind wird so beim Auspacken nicht durch die Türklingel unterbrochen und kann die Geschenke besser würdigen.

MURMELTORE

TREFFER! Langer Spielspaß, kleiner Aufwand und nebenbei ein Training für die Auge-Hand-Koordination.

Für dieses schnell gebastelte Spiel braucht man nur einen kleinen **KARTON** und eine Handvoll Murmeln oder große Holzperlen.

Dem Alter der Kinder entsprechend kann die Größe der Tore und damit der **SCHWIERIGKEITSGRAD** angepasst werden.

DER RENNER FÜR REGENTAGE: Aus einem beliebigen Karton unterschiedlich große Tore ausschneiden, mit Zahlen versehen (mit dem größten Tor beginnen, das kleinste hat die höchste Punktzahl) und nach Wunsch verzieren.

DIE SPIELFLÄCHE seitlich zum Beispiel mit zusammengerollten Geschirrtüchern eingrenzen, dann kullern die Kugeln nicht weg. Murmeln sind der Klassiker, aber auf Parkettböden recht laut, Holzperlen rollen deutlich leiser.

BALLONTENNIS

LEICHT-ATHLETIK: Bei dieser Sportart kann man sich drinnen austoben, ohne dass etwas zu Bruch geht.

Spannen Sie zusätzlich einen Streifen Kreppband als **„NETZ"** durch den Raum, dann fliegt der Ballon höher.

GENUG GEFLITZT?
Während die Kinder zum Runterkommen den Ballon auf dem Schläger durch den Raum balancieren, fächeln Sie sich damit Luft zu.

OB DRINNEN ODER DRAUSSEN, beim Ballontennis können sich alle mal auspowern. Für zwei Spieler brauchen Sie zwei Pappteller – wenn Ihre Kinder Lust haben, können sie die bemalen. Dann einfach je einen Kochlöffel von hinten mit Paketklebeband an den Tellern befestigen, einen Luftballon aufpusten und schon kann's losgehen. Wie viele Ballwechsel werden erreicht, ohne dass der Ball herunterfällt? Lassen Sie die Sportskanonen laut mitzählen!

BLUBBERSPASS

Seifenblasen – der beliebte Klassiker wird hier zum Superwurm und zu XXL-Blasen, die den Puste-Ehrgeiz wecken und zauberhaft durch den Garten schillern. Ganz nebenbei trainiert man mit diesem Zeitvertreib die Mundmuskulatur und richtiges Atmen.

Gekaufte Seifenblasenlauge funktioniert besonders gut für große, haltbare Blasen. Für selbst gemachte Lauge 500 g Zucker und 100 ml Glycerin in ½ l destilliertem Wasser auflösen. Dann 20 g Kleister in 1 l lauwarmem destillierten Wasser glattrühren und zugeben. Zum Schluss ½ l Spülmittel untermischen, ohne dass es schäumt.

1 DIY-Blasringe

Blasringe lassen sich aus vielen biegbaren Materialien herstellen, da reicht schon ein Stück Draht, das man zum Ring formt. Damit die Lauge daran haftet, umwickelt man den Draht mit einem Stoffstreifen. Schnell gebogen und etwas hübscher ist ein Ring aus einem Pfeifenputzer, daraus kann man auch Sterne oder anderes formen. Und für ein Maxiblasrohr einfach eine leere PET-Flasche abschneiden. Abzuraten ist übrigens von der Internet-Idee, Kabelbinder zu verwenden, besonders bei kleinen Kindern!

2 Superwurm

Für den ultimativen Blubberwurm – eine lustige Aktion für draußen – schneidet man den Boden einer Plastikflasche ab. Dann spannt man eine alte Socke über das Unterteil der Flasche (am besten funktionieren dicke Babysocken, die man auf links dreht), befestigt sie mit einem Haushaltsgummi und taucht sie in die Seifenlauge. Und dann puuusten, so lange der Atem reicht! Für farbige Schaumwürmer kann man die Socke mit Lebensmittelfarbe betupfen, bevor man sie in die Lauge tunkt.

3 Aus eckig wird rund

Wer es etwas größer mag, kann sich im Handumdrehen einen XXL-Blasen-Ring basteln. Dafür nimmt man einfach einen Wollfaden (ca. 1,20 m), fädelt ihn durch zwei Strohhalme und verknotet die Enden. Nun die Halme greifen, die Konstruktion in die Lauge tauchen und beim Rausholen leicht spannen. Pusten ist nicht nötig, allein durch die Bewegung lösen sich die Blasen. Am besten halten große Blasen bei einer gewissen Luftfeuchtigkeit, pralle Sonne lässt sie schneller platzen.

4 Stabkünstler

Riesenblasenstäbe gefallen besonders denjenigen gut, die nicht ständig ihre Hände in der Seifenlauge baden wollen. Man braucht dafür zwei Stäbe, eine Baumwollkordel (für den Anfang (ca. 1,20 m) und einen Metallring zum Beschweren. Ein Drittel der Kordel abschneiden und die Enden vorne an den Stäben befestigen (mit Heißkleber oder Metallösen oder einfach dranknoten). Den Ring an die restliche Kordel hängen und diese ebenfalls an den Stäben anbringen. Die entstandene Kordelschlinge in die Lauge tauchen und mit sanften Bewegungen Megablasen zaubern.

5 Tauchstation

Seifenblasen sind zum Anschauen gemacht – da kann es ganz schnell mal passieren, dass die Hand, die das Fläschchen mit der Lauge hält, keine Aufmerksamkeit mehr bekommt … und schon ist alles verschüttet und der Spaß vorbei. Damit man lange etwas von der Seifenblasenlauge hat und sich auf Pusten und Bewundern konzentrieren kann, befestigt man die Behälter einfach mit Kreppband an der nächsten Säule oder am Tischbein. Dann hat man auch eine Hand frei zum Blasenschnappen!

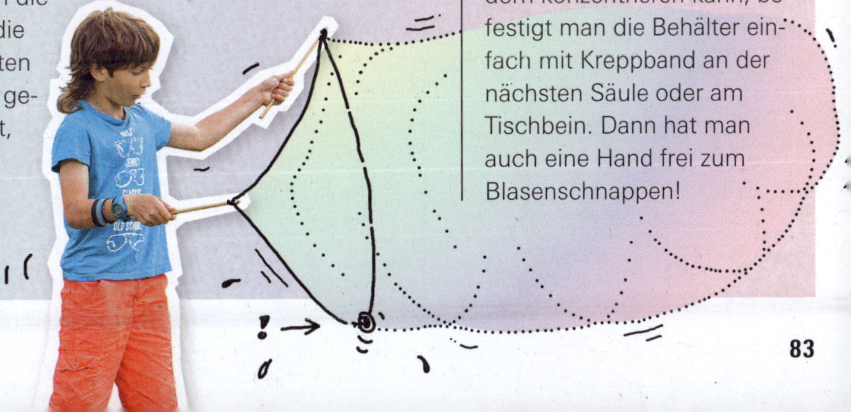

AUGEN AUF BEIM SPIELZEUGKAUF

1 Wackeln + Ziehen

Neues Spielzeug sorgt für glänzende Augen, sollte aber vor dem Kauf unbedingt durchgecheckt werden. Sind Nähte, Etiketten, Knopfaugen und andere Kleinteile fest? Überprüfen Sie auch Farben und Lacke auf Kratzfestigkeit und achten Sie auf scharfe Ecken und Kanten.

2 Schnuppertest

Zwar kann man Schadstoffe nicht immer riechen, wenn das Spielzeug aber unangenehm oder sogar beißend stinkt, lassen Sie es lieber liegen! Auch Duftstoffe sind nicht ohne: Sie können Allergien auslösen oder fiese Materialgerüche überdecken.

3 Prüfsiegel

Das CE-Zeichen ist in der EU Pflicht, sagt aber wenig über die Sicherheit des Spielzeugs aus. Besser sind unabhängige Prüfsiegel, die Hersteller freiwillig beantragen können, zum Beispiel das GS-Zeichen für geprüfte Sicherheit oder Siegel von Prüfinstituten.

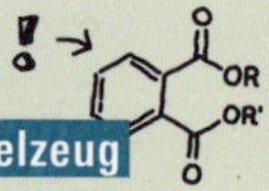

4 Kunststoffspielzeug

Bevorzugen Sie Spielzeug aus hartem Kunststoff, zum Beispiel aus Polypropylen (PP) oder Polyethylen (PE), denn in Weich-PVC (Polyvinylchlorid) können gesundheitsschädliche Phthalat-Weichmacher enthalten sein. PVC erkennen Sie am Recyclingdreieck mit der Ziffer 03.

5 Holzspielzeug

Spielzeug aus unlackiertem Vollholz ist empfehlenswert, denn die Schadstoffe befinden sich oft im Lack. Sperrholz und Spanplatten können außerdem formaldehydhaltige Bindemittel enthalten.

6 Kuscheltiere

Wählen Sie für kleine Kinder, die noch alles in den Mund nehmen, kurzflorige Plüschtiere, die nicht haaren. Aus hygienischen Gründen sollten Sie sie in der Maschine waschen können, idealerweise, bevor Ihr Kind sie in die Finger bekommt.

7 Keine Spielzeugberge

Kinder freuen sich über Spielzeug, verlieren aber bei Überfluss schnell den Überblick und dann das Interesse. Multitalente wie Bauklötze, Kostüme, Springseile, Werk- oder Naturmaterialien geben kaum Regeln vor und beflügeln die Fantasie.

NICHT ZU LAUT!

OHRENSCHÜTZER: Ein paar Lagen Klebeband bringen schrilles Spielzeug auf angenehmere Lautstärke.

Denken Sie an regelmäßige **RUHEPHASEN** von lärmendem Spielzeug, damit sich das Gehör Ihres Kindes immer wieder erholen kann.

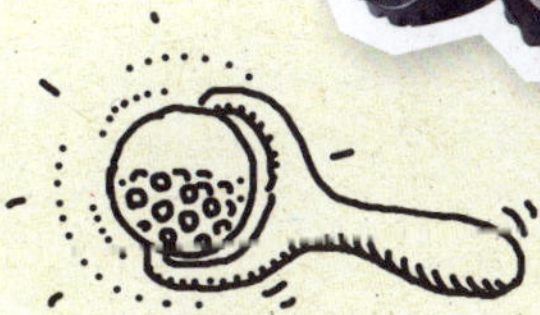

Kaufen Sie keine Spielzeuge, deren Geräusche Sie als **UNANGENEHM** empfinden. Babys erschrecken leicht, ihre Ohren sind empfindlicher als Ihre!

SPIELUHREN ODER RASSELN sind mitunter penetrant laut. Prüfen Sie vor dem Kauf das Geräusch und halten Sie es zum Test nah ans Ohr, die Entfernung spielt bei der Gehörbelastung eine schwerwiegende Rolle.

FEUERWEHRAUTOS & CO. werden ebenso gern bespielt, wenn sie keine Geräusche machen. Scheuen Sie sich nicht, die Batterien zu entfernen, bevor Sie Ihrem Kind das Spielzeug geben. „Tatütata“ bekommt Ihr Kind selber hin.

WASSER MARSCH!

Aufpumpen, bitte!

Wer will schon für jede Wasserbombe zum Hahn latschen? Für eine mobile Füllstation ausgediente Pumpspender mit Wasser füllen.

Bombig

für eine Schwammschlacht: Schwämme in Streifen schneiden, je acht in der Mitte aneinanderknoten, schön nass machen und ab in den Garten!

Eis-Limbo

erfrischt an heißen Tagen lustig. Für die Eiswürfelkette vor dem Einfrieren Geschenkband in den wassergefüllten Eiswürfelbehälter legen.

Blätter, Viecher ...

... und ganz viel Gras sammelt sich gerne im Planschbecken. Mit einem Haushaltssieb wird das Wasser wieder halbwegs sauber.

Holzzaun streichen

angesagt? Da helfen kleine fleißige Malermeister gerne mit – und sind fürs Erste mit Wasser und Pinsel ausreichend ausgestattet.

Regen ohne Ende

kann hochinteressant sein! Nachwuchsmeteorologen messen alle 30 Minuten die Niederschlagsmenge in einer abgeschnittenen PET-Flasche.

Die Eiszeit

ist wieder da! Minispielzeugtiere in Eiswürfeln werden von kleinen Forschern in der Badewanne eifrig aus ihrer Kältestarre befreit.

Für Eisfarben

Wasser und Lebensmittelfarbe in Eiswürfelbehältern mischen, zwei Stunden vorfrieren, Stiele hineinstecken und über Nacht festwerden lassen.

BABYBETTCHEN-UPCYCLING

EIN TRÄUMCHEN: So können Ihre Kinder das Babybett noch jahrelang als Mal- und Bastelecke weiternutzen.

In Reichweite hängen Behälter für Malsachen und, wenn der Tisch als **TAFEL** genutzt wird (Tafelfarbe gibt's im Baumarkt), Kreide und Lappen.

GENUG PLATZ für kreative Ausbrüche, Puzzlenachmittage, eine Schreibtischlampe, einen CD-Player und sogar eine zweite Person.

VIELE BABYBETTCHEN sind so gestaltet, dass sich eins der Seitenteile entfernen lässt, ohne dass die Stabilität darunter leidet: Ersetzen Sie gegebenenfalls den Lattenrost durch eine passende Holzplatte und es wird zum Kreativraum.

ZUR LESEHÖHLE (inklusive Ablagefläche oben drauf) können Sie Bettchen mit gleichmäßig hohen Seitenteilen verwandeln: Boden auf die niedrigste Stufe bauen und das Bett umdrehen. Ein paar kuschelige Kissen rein, fertig!

MINI-MALERMEISTER

AUFGERICHTET: Hier können Kinder Kunstwerke auf Augenhöhe erschaffen.

Immer dieses Sitzen! Mit **STAFFELEI UND PALETTE** ausgestattet, malen Kinder mit geradem Rücken, in Bewegung, den Kopf nach vorn gerichtet.

An dieser Staffelei können **ZWEI KINDER** gleichzeitig malen – und wenn man das Konstrukt auf die Öffnung stellt, sogar drei!

FÜR EINE STAFFELEI einen großen Karton zum Dreieck knicken und mit Kreppband auf einem niedrigen Tisch befestigen. Blätter mit Kreppband daran fixieren.

FÜR EINE MALPALETTE ein Herz aus stabiler Pappe ausschneiden, Winkel abrunden. In die obere linke Fläche ein Fingerloch schneiden (für Linkshänder rechts). Mit Heißkleber Plastikdeckel aufkleben und Fingerfarbe einfüllen.

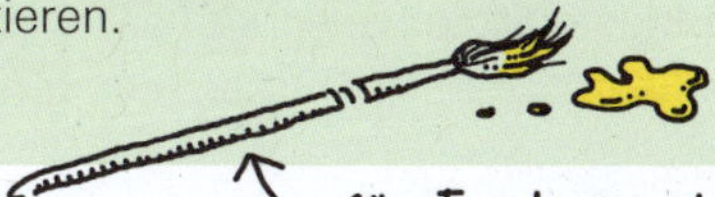

MACH MAL-PLATZ

Für Selbstbedienung
in Pumpstoßmenge füllt man Tempera- oder Fingerfarbe in leere Seifenspender. So trocknet die Farbe nicht aus und ist vor Verschütten geschützt.

Wachstuch schützt!
Tische bei grenzenlosem Malspaß am besten und ist wiederverwendbar, in der Ferienwohnung tun's auch zwei Bahnen Frischhaltefolie.

Ein Malbuchdisplay
inklusive Stiftehalter, das mit einem Griff zum Maltisch transportiert werden kann, entsteht fix aus einem Abtropfgitter für Geschirr.

Alles im Blick
hat man auf einem Getränkewagen. Gläser mit Stiften und Pinseln stehen für häufigen Gebrauch ganz oben, darunter lagern Farbkasten, Papier und Malbücher.

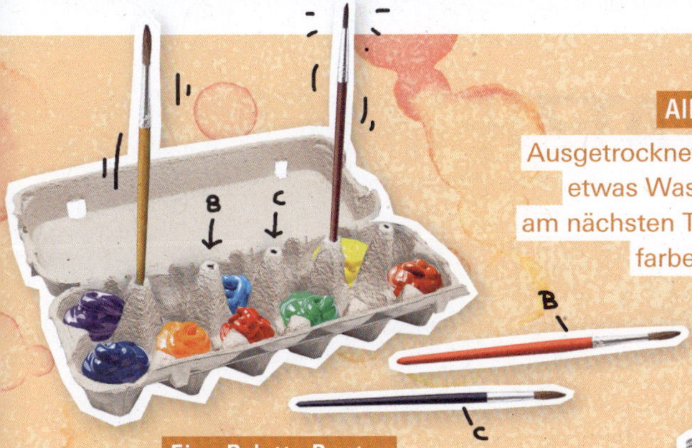

Eine Palette Buntes

hält alles beisammen und griffbereit. Dafür die Mulden eines Eierkartons mit Farbe füllen, die Pinsel lagern in den „Türmchen“.

Alles muss raus!

Ausgetrocknete Filzstifte über Nacht in etwas Wasser baden lassen und am nächsten Tag strahlen neue Wasserfarben und das Kind.

Für Badewannenfarbe

Speisestärke mit Babyshampoo im Verhältnis 1:2 glattrühren. In Portionsbecher füllen und flüssige Lebensmittelfarbe untermischen.

Kartonkünstler

können sich im eigenen Pappatelier ausleben. Nach der Malaktion den Karton umdrehen, Tür und Fenster reinschneiden und „Haus“ spielen.

WÄSCHEKLAMMERPINSEL

TAUSENDSCHÖN: Kreativ zu sein bedarf es wenig und wer eine Wäscheklammer hat, ist ein Mal-König.

DIE BESTEN KINDERPROJEKTE sind diejenigen, die aus mehreren spannenden Schritten bestehen. Beziehen Sie Ihr Kind hier von Anfang an mit ein: puschelige, faserige, weiche oder löchrige Aufsätze suchen (im Haushalt, aber eventuell auch draußen), Pinsel bauen und dann natürlich wild drauflos experimentieren und tolle Bilder erschaffen. Zum Schluss gemeinsam bestimmen, welche Pinsel die tollsten Muster gemacht haben.

SCHNEE GESTÖBER

LET IT SNOW! Dieses zauberhafte kleine Schneegestöber kühlt erhitzte Gemüter.

FÜR SCHNEEKUGELN brauchen Sie ein Schraubglas, eine wasserfeste Figur, eventuell ein Podest dafür, destilliertes oder abgekochtes Wasser, Glycerin (Apotheke) oder Spülmittel, Heißkleber und Dekoschnee oder Glitzerpulver.

DIE FIGUR mit Heißkleber im Deckel befestigen und trocknen lassen. Wasser, einige Tropfen Glycerin oder Spülmittel und 1–2 TL Streumaterial in das Glas geben. Deckel draufschrauben und rundum mit Heißkleber abdichten.

JEDER IST EIN KÜNSTLER ...

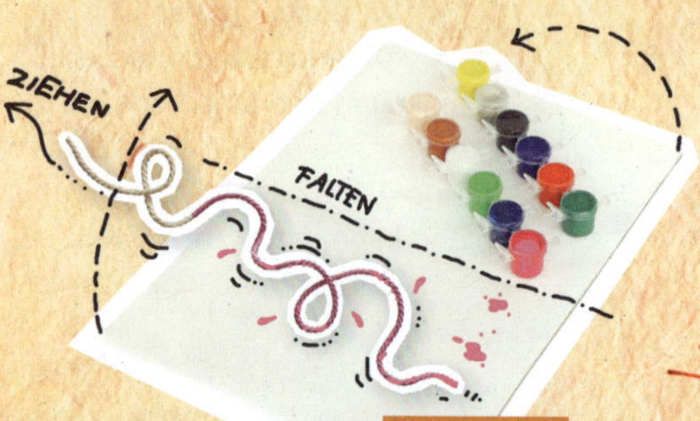

Für Pustemonster

dicke Farbkleckse auf ein Blatt setzen und mit dem Strohhalm wuschelig pusten. Wackelaugen drauf und fertig ist die bunte Meute.

Fadenzieher

machen zauberhafte Bilder: Einen Wollfaden mit Farbe tränken, in Schlaufen in ein gefaltetes Blatt klemmen und behutsam herausziehen.

Kratzbilder

easy selbstgemacht: Papier dick mit Wachsmalstiften anmalen, mit schwarzer Deckfarbe bestreichen und nach dem Trocknen bunte Bilder auskratzen.

Gute Nerven,

Wasserfarbe und eine Salatschleuder ist die Kombi für Megaspaß. Zugeschnittenes Papier in die Schleuder legen, beträufeln und Karussell starten.

Für Kullerspaß

Murmeln in Bechern mit Fingerfarbe bedecken. Papier in ein kleines Kuchenblech legen und die Murmeln darauf herumpurzeln lassen.

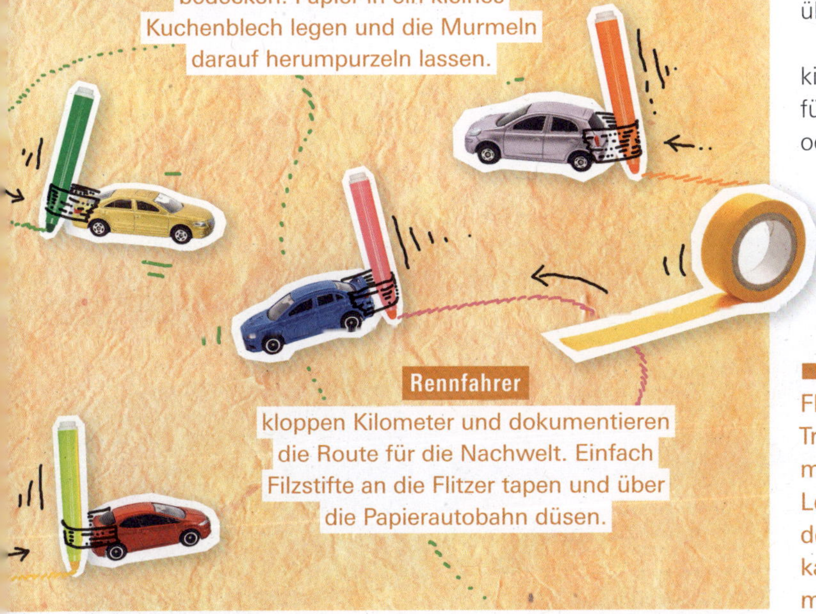

Rennfahrer

kloppen Kilometer und dokumentieren die Route für die Nachwelt. Einfach Filzstifte an die Flitzer tapen und über die Papierautobahn düsen.

… und Kinder sollten, so oft es geht, die Möglichkeit bekommen, sich am Maltisch auszutoben und der Fantasie freien Lauf zu lassen. Malen und Zeichnen fördert die motorischen Fähigkeiten und stärkt das Selbstbewusstsein, ist aber außerdem eine Art Rückzugsort für Kinder und kann, ähnlich wie Meditation, stressabbauende Wirkung haben.

Damit das auch klappt, lässt man die Kinder am besten einfach vor sich hinmalen, hält sich mit Bewertungen zurück und übt sich im stillen Beobachten.

Am 6. Mai ist übrigens Weltkindermaltag – ein guter Anlass für eine ausgiebige Malsession, oder?

■ **Extra-Tipp:** Wohin mit der Flut der Kunstwerke? Zum Trocknen am besten erst mal mit Wäscheklammern an eine Leine. Und wer sich später weder trennen noch alles lagern kann, fotografiert die Bilder und macht ein Fotobuch daraus.

BITTE RECHT FREUNDLICH

GUTES VERHÄLTNIS: Ihr Kind wird staunen, wie miniklein es mal war!

Legen Sie bei regelmäßigen Fotosessions immer dasselbe **KUSCHELTIER** zu Ihrem Kind, um sein Wachstum zu dokumentieren.

Bringen Sie zum Veranschaulichen der **WINZIGKEIT** Ihres Neugeborenen Ihre Hände ins Foto und umfassen Sie zart seine Finger oder Füßchen.

BABYFOTOS kann man einfach nicht genug haben! Wählen Sie zum Fotografieren einen Zeitraum, in dem das Minimodell üblicherweise schläft. Natürlich sollte es satt und zufrieden sein und der Raum angenehm warm.

BLITZLICHT für die Kleinsten vermeiden; im Tageslicht, zum Beispiel am Fenster, entstehen ohnehin die schönsten Fotos. Auf einem kuscheligen, einfarbigen Untergrund gebettet kommt das kleine Wunder besonders gut zur Geltung.

AUSLÖFFELN – LOSSPIELEN

GLASKLAR: Breigläschen und Deckel sind viel zu schade zum Wegwerfen!

Für ein **BILDER-MEMORY** bunte Motive in die Deckel kleben. Verwenden Sie nur gleich aussehende Deckel, sonst ist es selbst für Kleine zu einfach.

Kleben Sie für ein **FÜHL-MEMORY** Schleifpapier, Tapete, Wattepads, Moosgummi etc. in die Deckel.

DAS GLAS IST LEER – was nun? Verwenden Sie die Gläschen zum Aufbewahren von Gewürzen, Fingerfarbe oder Salatdressing; lassen Sie Ihr Kind Transparentpapier drankleistern und stellen Sie ein Teelicht rein, basteln Sie Schneekugeln oder pflanzen Sie mit Ihrem Kind Kräuter oder Mini-Sukkulenten darin ein. Durchlöchern Sie den Deckel und machen Sie einen Glitzerstreuer aus dem Glas. Kein Bastelfan? Fragen Sie im Kindergarten nach, ob dort Bedarf besteht.

Mini-Stempelrollen

Korken längs durchbohren (ca. 8 mm) und einen Buntstift durchstecken. Nun mit Wolle umbinden, mit Moosgummimotiven bekleben oder Muster hineinschnitzen. Anschließend Farbe drauf und losrollen!

DRUCK-ZUCK

Ein bei fast allen Kindern beliebter Zeitvertreib bei Regenwetter sind Stempelbilder. Mit einfachsten Mitteln entstehen einzigartige Postkarten und selbstgestaltetes Geschenkpapier, mit Textilfarbe kann man aber auch T-Shirts oder Stofftaschen hübsch bedrucken. Das meiste dafür hat man schon zu Hause.

Kartoffeln sind der Klassiker unter den DIY-Stempeln. In die halbierten Knollen entweder mit einem Messer Formen schneiden oder kleine Ausstechförmchen hineindrücken, den Überstand entfernen und das Förmchen wieder abziehen.

Halbierte Äpfel ergeben schöne Abdrücke; Kinder können gut damit arbeiten, wenn man als Griff eine Gabel von oben hineinsteckt. Die Farbe auf einen Teller geben, dann schaffen das auch Kleine.

Schön griffig ist der Strunk vom Stangensellerie, und er macht schöne Blumenornamente. Halbierte Zitronen geben ihr Ebenbild ab; damit das feine Muster gelingt, die Farbe mit einem Pinsel auftragen.

Effektive Druckmittel findet man in jedem Haushalt: Kartoffelstampfermuster sehen toll grafisch aus, mit Gabeln kann man gut Tulpen oder Igel stempeln, aus Spülbürsten entstehen Pusteblumenbilder und der knubbelige Boden von Plastikflaschen streut Blumen auf's Papier. Blumig wird es auch mit Klopapierrollen: einfach eine Seite rundherum einschneiden, die „Blütenblätter" nach außen knicken, fertig.

Handlich sind Korken: Einfach aus Moosgummi oder dicker Pappe kleine Motive ausschneiden und auf eine der Seiten kleben.

Luftpolsterfolie ist spaßmäßig eh das Beste. Coole Eltern machen ihren Kindern Stempelsocken daraus: locker um die Füße wickeln und mit Klebeband fixieren, dann Papier auf dem Boden ausbreiten, die Sohlen bemalen und losstapfen.

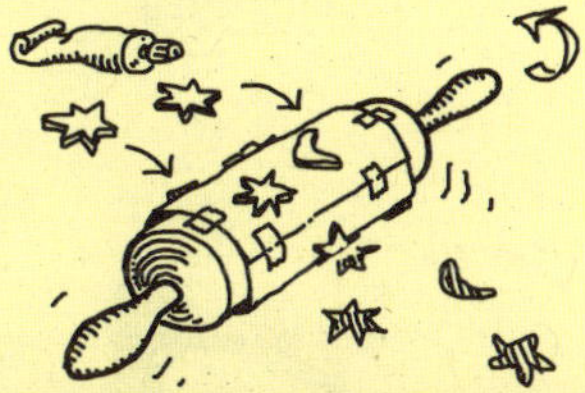

Von der Rolle kann man stempeln, wenn man einen Fusselroller mit Moosgummimotiven beklebt. Alternativ Pappe mit Klebeband rund um ein Nudelholz befestigen und die Motive darauf kleben – eignet sich gut für Geschenkpapier am laufenden Band.

GAME OF STONES

Nichts da außer Steinen?

Ob Rheinufer oder kroatischer Strand: Manchmal sieht man den Spaß vor lauter Steinen nicht. Lassen Sie Ihr Kind nach acht etwa walnussgroßen Steinen suchen, von denen sich jeweils vier gleichen. Dann noch vier Stöckchen, die man als Gitter legen kann, und schon kann es losgehen mit „Drei gewinnt" (bzw. „Tic Tac Toe") auf der Picknickdecke.

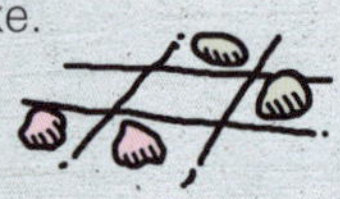

Alle Steinchen fliegen hoch

Fünf Steinchen auf den Boden legen. Eins aufheben, hochwerfen. Währenddessen ein weiteres aufnehmen, das erste auffangen. Nun eines der beiden Steinchen wieder hochwerfen, das nächste Steinchen aufheben und das hochgeworfene auffangen. Wiederholen, bis alle Steinchen aufgenommen wurden.

Nächste Stufe nach Belieben und Alter der Kinder: ein Steinchen hochwerfen, zwei aufnehmen.

Anleitung zum Steineflitschen

Stellen Sie sich mit der linken Seite zum Wasser und nehmen Sie einen flachen Stein in die rechte Hand. Legen Sie den Zeigefinger um den Rand des Steins. Werfen Sie nun den Stein mit einer schnickenden Bewegung aus dem Handgelenk schnell und flach ab, sodass er parallel auf die Wasseroberfläche trifft und durch Rotation weiterspringt (Linkshänder stellen sich mit der rechten Seite zum Wasser und werfen mit links.)

Steindesign

Lassen Sie Ihr Kind die Jackentaschen voller Steine sammeln. Zu Hause gut säubern und trocknen lassen und dann ab ins „Atelier": Wie wär's mit einem Steinfischschwarm, einer knallharten Igelfamilie oder vielen Minikakteen? Der Fantasie sind keine Grenzen gesetzt. Zum Bemalen eignen sich Plaka- oder Acrylfarben; Wackelaugen machen alles noch lustiger. Um die Designerstücke wetterfest zu machen, können sie (von Ihnen) nach dem Trocknen noch mit Lack bestrichen werden.

EI-QUARIUM

MEER BASTELN: Hier können Kinder all die schönen Strandfundstücke unterbringen.

FÜR EIN KLEINES AQUARIUM braucht Ihr Kind einen Eierkarton, Wasserfarben, Tonpapier oder Moosgummi und Muscheln vom letzten Strandspaziergang. Zunächst die Innenseite des Kartons in Blau- und Grüntönen bemalen.

NACH DEM TROCKNEN kann man es glitzern lassen, etwa mit Glitzerkleber und Schmucksteinchen. Pflanzen und Meeresbewohner aus Tonpapier oder Moosgummi ausschneiden und mit Muscheln im Aquarium arrangieren.

ALLES, WAS DU WOLLST!

Ein Knäuel Wolle und nichts dahinter? Voll ok, denn viel mehr braucht man für diese fünf herrlich fummeligen Ideen auch nicht. Feinmotorisch begabte Kinder kommen hier sicher auf ihre Kosten, alle anderen lassen sich bestimmt von der Begeisterung anstecken, üben sich bald auch in Fingerfertigkeit und trainieren die Handmuckis.

Als Bonus hat man bei Pompons, Strickwurst und Fingerstrickereien am Ende ein richtiges Produkt – das macht stolz und der Muttertag ist auch gerettet.

1 Schal mit Fingern stricken

Eine Schlaufe knoten und an den Daumen hängen. Faden zwischen Daumen und Zeigefinger nach hinten legen. Wie im Slalom um alle Finger wickeln (hinter den Zeigefinger, vor den Mittelfinger, …), dann wieder zurück (um den kleinen Finger herum, vor den Ringfinger …). Nun Faden einmal rundherum um alle Finger wickeln und nach hinten legen. Slalomschlaufen jeweils über Faden und Finger nach hinten stülpen, Faden wieder um die Hand legen und so weiter. Zum Schluss Fadenende von unten durch jede Schlaufe ziehen.

2 Runde Sache

Für einen runden Webrahmen einen Pappteller rundum in gleichmäßigem Abstand 25-mal einschneiden. Einen Wollfaden durch zwei Einschnitte führen, verknoten und zum gegenüberliegenden Einschnitt führen. Auf diese Weise den Faden strahlenförmig in alle Einschnitte spannen. Zum Weben einen Faden in eine Plastiknadel oder ein Stück Strohhalm fädeln und verknoten. Von der Mitte her abwechselnd unter und über die gespannten Fäden führen. Zum Schluss Spannfäden durchschneiden und immer zwei zusammenknoten.

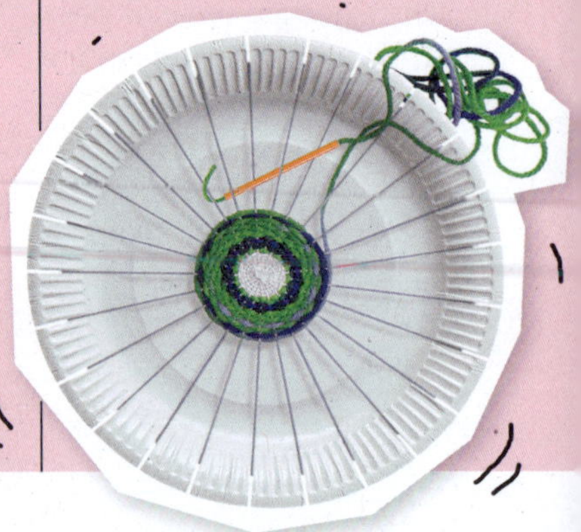

3 DIY-Strickliesel

Lust auf eine Endlosstrickwurst? Einfach fünf Holzstäbchen in gleichen Abständen mehrlagig mit Kreppband an eine Klopapierrolle kleben, fertig! Garn durch die Rolle nach unten führen, mit der Hand festhalten, die auch die Liesel hält (nicht quetschen!). Faden mit der anderen Hand gegen den Uhrzeigersinn um eins der Stäbchen wickeln, dann um das links davon und so weiter. Nun Faden außen von rechts nach links an das als erstes umwickelte Stäbchen halten und die erste Öse mit einer Häkelnadel darüber heben.

4 Hakelspaß

Fadenspiele sind ein prima Zeitvertreib für flinke Finger und genügsame Gesellen. Man braucht dafür lediglich etwas Geschicklichkeit und eine zusammengeknotete dünne Kordel oder Baumwollgarn – leichtes Gepäck und damit praktisch für Flughäfen, Zugfahrten oder Wartezimmer. Für einen geschmeidigen Ablauf sollte das Band nicht fusseln und ca. 1,80 m lang sein. Die meisten Fadenspiele sind für zwei Personen konzipiert, manche Figurenabfolgen kann man aber auch alleine einstudieren. Anleitungen finden sich im Internet.

5 Bommel-Zoo

Pompon, Bommel oder Puschel: Allein für die Namen muss man die kleinen Burschen schon lieben! Zum Basteln zwei identische Pappringe ausschneiden, aufeinander legen und Wollfäden rund um den Ring wickeln, bis das Loch dicht ist. Dann eine Schere zwischen die Pappen drücken und die Wollschicht rundherum durchschneiden. Einen Faden zwischen die Pappen schieben und fest um die Mitte verknoten. Nun können die Pappen entfernt und die Pompons verziert werden, zum Beispiel mit Wackelaugen oder Filzöhrchen.

ZOCKERBOXEN

Das passt: Kartenspiele bekommen in alten Feuchttuchboxen ein neues Zuhause.

Deponieren Sie die **ORIGINALVERPACKUNGEN** und Anleitungen im Keller, falls Sie die Spiele irgendwann auf dem Flohmarkt verkaufen wollen.

Schildchen mit Wiedererkennungswert (auch für Nichtleser) schaffen **ÜBERBLICK**. Die Originalschriftzüge kann man aus dem Internet ausdrucken.

KARTENSPIELE kommen entweder in so engen Verpackungen daher, dass man sie nach dem Spielen nur zur Hälfte wieder reinkriegt, oder in überdimensionierten Kartons, die die Regale verstopfen. Versuche, einen Stapel Karten mit einem Haushaltsgummi zusammenzuhalten, scheitern meist kläglich. Nutzen Sie stattdessen Feuchttuchbehälter als Kartenboxen oder verwenden Sie einheitlich große Brotdosen, die sich gut stapeln lassen.

FREIHÄNDIG ZOCKEN

FINGERFERTIG: Mit diesem Kartentrick behalten die kleinen Spieler den Überblick.

Kartenhalter machen das Leben der kleinen Zocker leichter. **EIERKARTONS** funktionieren prima, besonders gut sind große Eierpappen, die man individuell zuschneiden kann.

Bei weniger Karten tut es auch eine **WÄSCHEKLAMMER**, in die der Spielkartenfächer gesteckt wird – oder ein Briefklemmer.

KLEINE HÄNDE, ULTRAVIELE KARTEN? Wenn eine Wäscheklammer nicht ausreicht, einfach einen Eierkarton umdrehen, mit einem Cutter längs Schlitze in die Bodenflächen schneiden und schon ist der Kartenbutler fertig.

Diese Methode ermöglicht es Kindern (oder Erwachsenen – wir sagen es auch nicht weiter), eine Karte zu entnehmen, ohne die restlichen durcheinanderzubringen. Schneller gebastelt, als man „UNO!“ rufen kann.

PROBIER'S MAL MIT GEMÜTLICHKEIT!

Rückzugsorte bringen Kinder nach einem aufregenden Tag zur Ruhe. Mit Kissen, Stofftier und Buch ausgestattet, lässt es sich in stillen Eckchen wunderbar lümmeln und Kraft sammeln – für Erkundungstouren, Abenteuer und Tobereien.

Um diese Oasen zu zaubern, brauchen Sie weder besondere Kenntnisse noch teures Equipment, Sie haben bestimmt alles zu Hause. Wer mag, kann sich kreativ ausleben, Kinder sind aber auch mit Provisorien und einer dicken Ladung Fantasie oft schon superhappy.

1 Faultierhöhle

Kein Platz für eine Hängematte in der Wohnung? Pah! Alles, was Sie brauchen, ist ein stabiler rechteckiger Tisch und ein alter Bettbezug. Schneiden Sie diesen an den Seitennähten auf, dann ist er aufgefaltet vermutlich lang genug, um sich um Ihre Tischplatte legen zu lassen – ansonsten müssen Sie ihn noch ein Stück verlängern. Nur noch oben fest verknoten und fertig ist die Hängehöhle – Eintritt nur für Minis!

2 Parterreparty

Kleine Kinder tummeln sich gerne unter Tischen. Machen Sie eine Tugend draus und richten Sie es ihnen dort ein. Alles, was Sie für das „Haus im Haus" brauchen, ist eine übergroße Tischdecke, ein Bettlaken oder ein sehr großes Stück Stoff. Für Spontiaktionen reicht es, den Stoff einfach über den Tisch zu werfen. Wer Freude an Handarbeiten hat, kann zusätzlich Fenster, Türen und Vorhänge einarbeiten. Aber Vorsicht: Geschirr lieber nicht auf dem Tisch stehen lassen, während unten Mieter wohnen.

3 Kuschelbecken

Eine warme Sommernacht? Dann schnappen sich alle so viele Kissen und Decken, wie sie tragen können und bestücken damit den (leeren!) Aufblaspool. Jetzt wird losgelümmelt und sternegeguckt.

Auch tagsüber und drinnen ist so ein Pool nicht zu unterschätzen: Sie können darin zum Beispiel ihrem Kleinkind in der Stube ein Minispielzimmer einrichten.

4 Spannende Höhle

Höhlen sind einfach der Hit – die Stabilität der Dachkonstruktion lässt allerdings oft zu wünschen übrig. Statt Decken über das „Gerüst" zu werfen, können Sie ein Spannbettlaken als Dach verwenden. Es klemmt ein wenig willensstärker an den Eckpfosten und hält selbst kleinere Umbauten aus, ohne gleich über den Bauherren und -frauen zu kollabieren.

Was kleinen Kindern übrigens auch Spaß macht: sich unter das auf dem Bett gespannte Laken zu verkrümeln und „geschnappt" (alias gekitzelt) zu werden.

5 Schön schattig

Für ein luftiges und trotzdem gemütliches Gartenzelt leichten Stoff (zum Beispiel alte Bettlaken) mit Sicherheitsnadeln rund um einen Hula-Hoop-Reifen befestigen. Zum Aufhängen vier Stücke Kordel in gleichmäßigen Abständen an den Reifen binden. Miteinander verknoten und ein kuscheliges Plätzchen für das Zelt suchen. Beschweren Sie den Vorhang an einigen Stellen mit Sandsäckchen oder Steinen, dann flattert er weniger und die Sitzfläche bleibt schön groß. Sorgt auch drinnen für Gemütlichkeit.

Milch

GEKONNT VERPFLEGT

Essen ist einer der Mittelpunkte des elterlichen Universums: Haben die Kinder genug gegessen und das Richtige? Wieso wollen sie nicht essen – vor allem nicht das Richtige? Wann habe ich eigentlich das letzte Mal etwas Richtiges gegessen? Mit ein paar Tricks behalten Sie bei all der Denkerei den Spaß beim Essen.

Spannend:

Machen Sie doch mal **Butter** mit Ihren Kindern. Dafür Schlagsahne schlagen, bis sich die feste Masse von der Molke trennt. Abseihen, in Eiswasser „sauberkneten“ und abtropfen lassen – fertig!

LASST UNS KOCHEN!

Ihre Kinder tummeln sich gerne in der Küche und möchten ganz viel selbst machen? Super! Gemeinsam Essen zuzubereiten stärkt das Selbstvertrauen und regt die motorische Geschicklichkeit an.

Mit ein paar Tipps bleiben die Finger bei Koch- und Backaktionen heil und die Eltern cool.

Wie die Profis müssen sich auch Nachwuchsköche vorbereiten. Dazu zählt natürlich Händewaschen, aber ebenso wichtig: lange Haare zurückbinden. Zum einen landet dann die Pracht nicht im Essen, zum anderen sorgt es aber auch für freie Sicht.

Gemüseschneiden ist eine schöne Aufgabe für Kinder und meistens sind sie konzentriert bei der Sache; eine stabile Sitzposition hilft dabei.

Schneidebretter verrutschen nicht, wenn man einen feuchten Lappen darunter legt.

Das Messer sollte abgerundet, aber recht scharf sein. Stumpfe Messer sind frustrierend und gefährlich, denn damit rutscht man schnell ab. Und falls doch mal was passiert: Schnitte von einem scharfen Messer heilen besser.

Mit sicherem Griff umfasst, hat man das Messer besser unter Kontrolle. Nicht zu weit hinten am Griff halten.

Die „Gemüsehand" ist geschützt, wenn sie zur Kralle geformt wird: Der Daumen ist hinten, sodass der Ellbogen nach außen zeigt. Die anderen vier Finger sind gekrümmt und die Fingerkuppen leicht eingerollt, dadurch wird das Messer von den Fingerknöcheln in sicherer Position zurückgehalten.

Übung macht den Messermeister! Je häufiger die Kinder beim Schnippeln helfen dürfen, desto sicherer werden sie.

Rundliche Lebensmittel wie Kartoffeln vor dem Kleinschnippeln erst an einer Seite abflachen, das ergibt eine stabile Basis.

Topf- und Pfannenstiele auf dem Herd immer nach hinten drehen, dann reißt man sie nicht im Vorbeigehen mit.

Topflappen sollten immer bereitliegen, damit aus „Backe, backe" nicht „Au Backe!" wird.

Seien Sie nicht allzu hungrig, wenn Sie mit Assistenzköchen arbeiten. Alles dauert ein wenig länger – dafür wird hinterher umso lieber gefuttert.

SO KOMMT AUF DEN TISCH, WAS GEGESSEN WIRD

Was essen wir heute? Um nicht jeden Tag auf's Neue überlegen zu müssen, was man Leckeres kochen könnte, wird einfach gleich ein Speiseplan für die ganze Woche gemacht.

Überlegen Sie dabei, von welchen Beilagen Sie eine größere Portion kochen könnten, um am nächsten Tag Zeit sparen zu können.

Ein Wochenmenü zu planen erfordert zwar etwas Zeit, dadurch lässt sich der Einkauf aber besser organisieren, und wenn jeder ein Mitspracherecht hat, gibt's bei den Mahlzeiten weniger Gemecker und mehr „Leckerschmecker!".

Schnell gebastelt: Für einen Menüplaner brauchen Sie sieben Wäscheklammern, zwei Kästchen und eine Pinnwand, eine Tafel oder einen schönen Bilderrahmen. Befestigen Sie die Klammern und die Kästchen darauf am besten mit Heißkleber, es geht aber auch mit gutem Bastelkleber. Nun noch alle Lieblingsgerichte der Familie auf Kärtchen schreiben und griffbereit in Kästchen und Klammern stecken!

Mono-Präsentation Manche Kinder mögen Ordnung, und Kartoffel-Möhrchen-Mischmasch auf dem Teller bringt sie voll aus dem Konzept. Solche Phasen sind oft schnell wieder vorbei, nehmen Sie's also gelassen.

Wenn Sie Ihrem ordnungsliebenden Kind in dieser Zeit eine regenbogenbunte Palette an frischem Obst und Gemüse bieten wollen, probieren Sie mal die Mono-Technik: Im Eiswürfelbehälter hat jedes Häppchen sein Plätzchen. Kleine Gäbelchen oder abgerundete Piekser erleichtern das Herausfischen von schlüpfrigem Obst wie Kiwi oder Melone.

Bieten Sie zwischen vertrauten Obst- oder Gemüsesorten auch immer mal etwas Neues an. So ganz nebenbei. Was übrig bleibt, kommt unauffällig in den Smoothie. Das muss nicht sofort passieren, frieren Sie Reste ein, dann sind sie mixbereit verstaut.

Kinder verzieren gern, nutzen Sie das! Ein Schälchen mit Sesamsaat oder gehackten Nüssen zum Bestreuen macht Spaß – und darauf kommt es beim Essen doch schließlich an.

À la Kärtchen

Die Kästchen stecken proppenvoll mit Ideen für leckere und erprobte Gerichte aus dem Familienkochbuch. Die **Wäscheklammern** stehen für je einen Wochentag und werden mit Leibspeisen gefüttert.

TIPPS FÜR GEMÜSE-VERWEIGERER

1 Wahlberechtigt

Die Freude am Essen wird bei vielen Kindern geweckt, wenn sie mitentscheiden dürfen. Nehmen Sie Ihr Kind mit auf den Markt und lassen Sie es sich etwas Frisches aussuchen, pflanzen Sie, wenn Sie einen Garten haben, gemeinsam Gemüse an und involvieren Sie die Kleinen beim Auswählen und Zubereiten der Mahlzeiten.

2 Helfer naschen gern

Kinder, die mitkochen dürfen, sind stolz auf ihre eigene Leistung und probieren eher mal Dinge aus, die sie bisher abgelehnt haben. Machen Sie Gerichte wie Pizza oder Falafel selbst, dann kann es durchaus passieren, dass doch mal vom vorbereiteten Gemüse geknabbert wird.

3 Positive Esskultur

Klammern Sie problembesetzte Themen und allzu häufige Maßregelungen bei den gemeinsamen Mahlzeiten aus. Unterhalten Sie sich lieber über Positives, das entspannt die Gemüter und macht Appetit. Vermeiden Sie Zwang zum leeren Teller, das stört das natürliche Gefühl für Hunger und Sättigung.

4 Es gibt, was es gibt

Die kindliche Nachfrage wird oft vom Angebot bestimmt. Stellen Sie Obst und Gemüse gewaschen und gut erreichbar auf den Tisch oder schnippeln Sie einen kleinen bunten Vitaminteller. Kaufen Sie keinen oder wenig „Quatsch“, also verlockende Snacks, die den Appetit des Kindes verderben. Wenn es zu den Mahlzeiten wirklich hungrig ist, wird es eher mal beim Gemüse zugreifen.

5 Vorbild sein

Bunte Gemüsesticks sind gut, aber nur, wenn auch die Großen beim Gemüse zulangen – mit etwas Glück wird das Kind Sie zum Vorbild nehmen.

6 Präsentation ist alles

Hübsche Piekser machen Rohkost attraktiver und Gemüse, das mit Plätzchenausstechern in Form gebracht wurde, bekommt als Erstes die Aufmerksamkeit.

Als kleinen Anreiz kann man einen leckeren Dip (Kräuterquark, Mandelmus, zur Not Ketchup, am besten selbst gemacht wegen des Zuckergehalts) anbieten.

KLASSIKER MAL ANDERS

Pizzataschen

Für ca. 8 Stück 300 g Weizenmehl, 1 TL Salz, ½ TL Zucker, 2 gestrichene TL Trockenhefe, 170 ml lauwarmes Wasser und 2 EL Olivenöl in 5 Minuten zu einem glatten Teig kneten. In einer abgedeckten Schüssel an einem warmen Ort 1 Stunde gehen lassen. Eine bunte Auswahl an Füllungen (Paprika, Tomaten, Mais, Champignons, Oliven, Mozzarellawürfel, Schinken etc.) anbieten und die Kinder Teigtäschchen füllen lassen. Diese bei ca. 220 °C 12–15 Minuten backen.

Herzhafte Waffeln

Für leckere Käsewaffeln (4 Portionen) 250 g Weizenmehl mit 1 EL Speisestärke, 1 TL Backpulver und ½ TL Salz mischen. 380 ml Buttermilch, 50 ml Öl und 2 Eigelbe verquirlen, zur Mehlmischung geben und alles mit einem Holzlöffel grob vermengen. 150 g geriebenen Gouda und 2 fein geschnittene Lauchzwiebeln untermischen. 2 Eiweiße steif schlagen und unterheben. Im gefetteten Waffeleisen goldbraun backen. Dazu passt Tomatensalat.

Kartoffelsterne statt Pommes

Ihre Kinder stechen gern Plätzchen aus? Dann werden die fleißigen Helfer auch hierbei Spaß haben: Schälen Sie Kartoffeln und schneiden Sie sie in ca. 1,5 cm dicke Scheiben. Dann dürfen die Kinder Sternchen etc. ausstechen. Mit etwas Öl und Salz vermischen, nebeneinander auf ein mit Backpapier belegtes Blech setzen und bei 175 °C in ca. 20 Minuten goldbraun backen.

Suppe à la Hamburger

Für ca. 6 Portionen 2 EL Öl in einem Topf erhitzen. Je 2 gehackte Zwiebeln und Knoblauchzehen und 450 g Rinderhackfleisch darin anbraten. 1¼ l Rinderbrühe, 400 ml gehackte Tomaten (Dose), 2 gehackte saure Gurken (optional) und je 1 EL Ketchup, Senf und Worcestershire-Soße dazugeben und 10 Minuten köcheln. 2 Kartoffeln würfeln, zugeben und bissfest garen. Mit Salz und Pfeffer würzen.

Diese Frage wird kommen,
ob Montag oder Feiertag. Eltern mit Nerven aus Stahl kochen spontan, alle anderen bringt **schlaue Vorbereitung** der entspannten Mahlzeit etwas näher.

SCHÖNE AUSSICHTEN

Jeder Profikoch weiß: Ohne „Mise en place“, also Vorbereitung der Zutaten, läuft nix. Für Familien kann man den Bogen durchaus weiter spannen und am Wochenende für mehrere Tage vordenken, damit die hungrige Meute unter der Woche flotter und stressfreier versorgt werden kann.

Frische Zutaten wie grüne Bohnen, Brokkoli oder Blumenkohl sofort nach dem Einkauf putzen oder sogar schnippeln und dann in einer Frischhaltedose kalt stellen. Zwiebeln, Lauchzwiebeln oder Ingwer schneiden und einfrieren; gehackter Knoblauch hält sich gut in Öl.

Gewaschener Salat bleibt mehrere Tage im Kühlschrank frisch, auch Dressing kann im Schraubglas aufbewahrt werden.

Geriebener Käse zum Überbacken hält sich etwa drei Tage. Also gleich die doppelte Menge reiben, wenn man schon dabei ist, dann geht's beim nächsten Auflauf schneller und man spart sich Abwasch.

Doppelt hält länger
Häufig kostet es nicht viel mehr Zeit, die doppelte Portion zuzubereiten und einen Teil einzufrieren. Mürbeteigböden für Quiche können roh oder gebacken in der Form ins Tiefkühlfach; pürierte Babykost friert man am besten portionsweise oder in Eiswürfelbehältern ein, dann taut sie schneller auf. Natürlich können auch ganze Mahlzeiten, zum Beispiel Schmorgerichte, prima eingefroren werden.

Von Beilagen wie Kartoffeln, Reis, Quinoa oder Nudeln immer mal die doppelte Menge kochen und einen Teil kalt stellen, sie lassen sich dann am nächsten Tag schnell zu Salaten, Pfannen- oder Ofengerichten umwandeln.

Schnell kühl
Obst direkt nach dem Einkauf schälen, würfeln und einfrieren, dann hat man es für einen kalten Smoothie schnell parat.

Auch Rührkuchen am besten in zweifacher Ausführung machen und einfrieren, das verkürzt den Backmarathon, der vor Geburtstagen ansteht. Streusel (beispielsweise für Crumble) können im Kühlschrank mehrere Tage aufbewahrt werden.

RATZFATZ FUTTERN

Der Tag war lang, die Meute ist hungrig – da hilft viel, was flott gart: Spaghettini, Couscous, Reisnudeln und Gnocchi sind die Düsenjets unter den Kohlehydratlieferanten; Fisch, Hähnchen, Erbsen und Brokkoli sind ebenfalls minutenschnell fertiggegart.

Beliebte Geräte wie Wasserkocher (Nudelwasser!), Blitzhacker (Pesto!) und Schnellkochtopf (Kartoffeln gar in fünf Minuten!) beschleunigen die Zubereitung ungemein, man darf aber auch munter zweckentfremden:

Apfelschneider portionieren Kartoffeln schnell zu Wodges, Eierschneider gleiten ebenso gut durch Mozzarella oder gekochte Kartoffeln, im Muffinblech garen Miniportionen schnell (zum Beispiel Hackbraten) und eine im Eiswürfelbehälter tiefgefrorene Kürbissuppe taut schneller auf.

Flammkuchen geht wie der Blitz mit fertigen Weizen-Tortillas: Einfach Crème fraîche und Lieblingsbelag drauf und ab in den Ofen (180 °C, 15 Minuten).

Omelette – Oldie but Goldie: 2 Eier verquirlen, salzen und in einer Pfanne kurz stocken lassen. Schinkenwürfel, Käse und Schnittlauch dazu. Gerettet!

Spiegelei kann jeder – in einer Brotscheibe macht es aber besonders viel Spaß! Einfach mit einem Glas ein Loch in eine Toastscheibe stanzen und das Ei darin braten.

Pesto ist immer 'ne sichere Bank: 1 Bund Basilikum mit je 1 Handvoll Nüssen und geriebenem Parmesan, ½ Knoblauchzehe und etwas Olivenöl und Salz pürieren.

Quesadillas: Eine Tortilla mit Paprika, Kidneybohnen, Mais und geriebenem Käse belegen. Zweite Tortilla drauf, beidseitig anbraten, in Ecken schneiden.

Für Express-Pizza Brötchen halbieren, mit Pesto bestreichen und mit Tomaten- und Mozzarellascheiben belegen. Bei 220 °C in 10 Minuten überbacken.

■ Extra-Tipp: Gekochte Pellkartoffeln kurz abschrecken, dann löst sich die Schale wie von selbst.

Jetzt auch noch kochen?

Flott auf dem Tisch und besser als jede Fertigpizza. Diese kleinen Gerichte lassen sich aus dem Ärmel schütteln, **wenn's mal schnell gehen muss,** und kommen bei Kindern gut an.

UMFALLFREIER TELLER

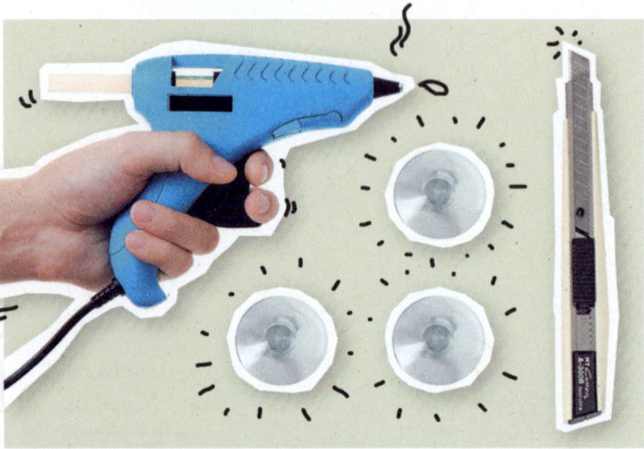

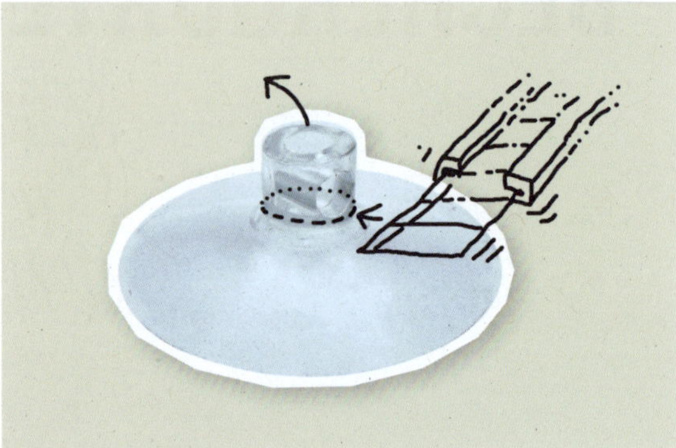

1. Das Müsli schlabbert mal wieder über den ganzen Tisch, weil das Kind kurz drangestoßen ist? Drei Saugnäpfe und etwas Heißkleber und das passiert nicht mehr!

2. Mit einem Cutter die Knöpfe von drei Saugnäpfen abschneiden. Saugnäpfe gibt es in verschiedenen Größen im Baumarkt. Sie sollten nebeneinander an den Tellerboden passen.

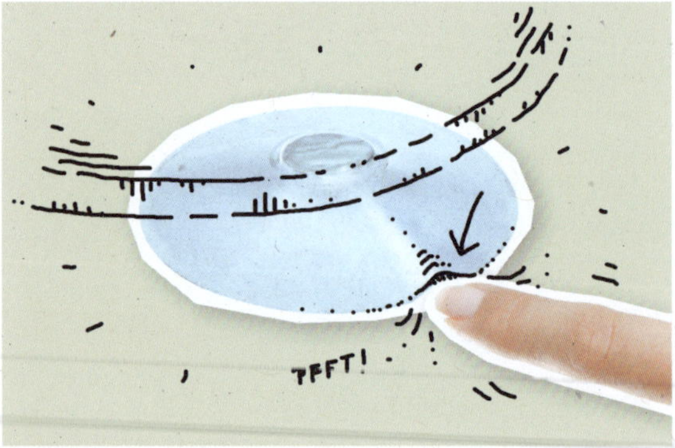

3. Heißkleber auf die Schnittflächen der Saugnäpfe auftragen und sie dicht nebeneinander auf die Unterseite eines Kunststofftellers kleben. Kleber fest werden lassen.

4. Zum Entfernen des Tellers nach den Mahlzeiten zunächst leicht an den Laschen der Saugnäpfe ziehen oder mit den Fingern den Rand leicht anheben, um das Vakuum zu lösen.

BECHERGÜRTEL

HITZESCHILD: Wenn zarte Finger empfindlich reagieren, wird der warme Becher einfach angezogen.

Durch den **KLETTBANDVERSCHLUSS** lässt sich der Hitzeschild an unterschiedliche Becher und Tassen anpassen.

Ob Superheld oder Lieblingstier: Die schnell gebastelten **FILZMANSCHETTEN** können nach Lust und Laune verziert werden.

FÜR DEN BECHERGÜRTEL einen Streifen Wollfilz (ca. 5 × 32 cm; Bastel- oder Stoffladen) um den gewünschten Becher legen. Schneiden sie die unteren Ecken der Enden heraus, damit diese durch den Henkel passen. An einem Ende auf der Vorder-, am anderen Ende auf der Rückseite je einen Streifen selbstklebendes Klettband befestigen. Zum Schluss noch aus Filz ein Motiv ausschneiden und auf die Mitte des Gürtels kleben oder nähen.

CLEAN EATING

Essen ist für Kinder ein Genuss für alle Sinne, und das ist gut so. Das Erforschen der Nahrung mit den Händen, das buchstäbliche Löffeln auf eigene Faust und der Wille zur Selbstständigkeit sollten auf jeden Fall gefördert werden – das erfordert aber gute Nerven und die richtige Ausstattung. Denn bei aller Offenheit für enthusiastische Essenserforschungen der Kinder möchte man nicht nach jeder Mahlzeit die Küche renovieren.

Diese fünf Tipps helfen, den Essplatz sauber zu halten, ohne dass der Spaß zu kurz kommt.

1 Bodenschutz

Legen Sie eine Schutzschicht über den Boden, damit er nicht unter den Mahlzeiten leidet. Für einmalige Benutzung (zum Beispiel bei den Großeltern) eignet sich eine alte Zeitung, langlebiger sind aber Bürostuhlmatten. Wer es dekorativ mag, schneidet sich ein Stück Wachstischtuch zu. Ecken abrunden, Kantenband mit Stoffkleber rundherum ankleben, zwei bis drei Stunden trocknen lassen und fertig ist der abwischbare Bodenschutz! Übrigens: Couscous und Reiskörnchen lassen sich besser wegfegen, wenn sie trocken sind.

2 Am Haken

Das ungeduldige Kind sitzt im Hochstuhl, das Essen ist bereit – und kein Lätzchen in Sicht? Immer griffbereit hängt das gute Stück, wenn man an der Rückseite des Stuhls einen Klebehaken befestigt und gleich mehrere Lätzchen dranhängt. An einem zweiten Haken sind auch Waschlappen oder Feuchttuchpackung schnell zur Hand, wenn etwas daneben geht. Oder man hängt ein Täschchen dran, in dem Ersatzlöffel, ein frisches Oberteil oder Haarspangen (die Frisur isst gerne mal mit) auf ihren Einsatz warten.

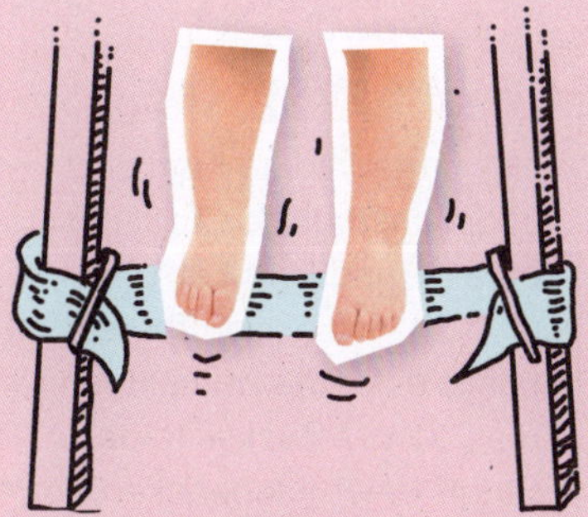

3 Fußparkplatz

Baumelnde Beine am Tisch verbreiten manchmal zu viel Unruhe und sind auf Dauer schlecht für die Haltung, daher sollten Kinder in jedem Alter die Füße beim Sitzen aufstellen können. Leider haben nicht alle Hochstühle ein „Untergeschoss".

Für eine schnell selbst gemachte Fußstütze für Hochstühle mit schräg gestellten Beinen faltet man ein Küchentuch längs, schlägt die Enden um die Stuhlbeine und fixiert sie mit zwei Beutel-Verschluss-klammern. Waschbar, höhenverstellbar, wunderbar.

4 Rückholband

Das ständige Überprüfen der Schwerkraft gehört bekanntlich zu den Lieblingsbeschäftigungen von Kleinkindern. Das macht sich natürlich auch am Essplatz bemerkbar. Wem das ständige Aufheben der Trinkflasche auf Dauer zu anstrengend wird, kann diese mit einem Fläschchenband am Tisch befestigen. Dabei ist unbedingt darauf zu achten, dass es nur gerade so lang sein darf wie der Weg vom Tisch zum Mund (maximal 22 cm, etwa wie Schnullerketten) und nur unter Aufsicht verwendet wird.

$$F_G = G\frac{m_1 \times m_2}{r^2}$$

5 Stößchen!

Ab einem gewissen Alter geben sich viele Kinder nicht mehr mit Baby-Trinkbechern zufrieden, sondern wollen wie die Großen aus echten Gläsern trinken. Auch wenn es gewöhnungsbedürftig aussieht, bieten sich für den Anfang kleine Schnapsgläser oder Teelichtgläser an. Sie sind in der Regel recht dickwandig, die Kinder können diese Minigefäße gut umfassen und wenn doch mal etwas daneben geht, hält sich die Flüssigkeitsmenge in Grenzen.

SEIFEN-SELFIE

ABGETAUCHT: So macht Händewaschen Kleinen und Großen gute Laune.

HÄNDEWASCHEN MACHT RICHTIG SPASS mit diesem wiederverwendbaren Selfie-Seifenspender! Besonders Strand-, Schwimmbad- oder Quatschfotos bringen eine Portion Humor in die Routine; wer mag, mischt Glitzerelemente in die Seife. Sowohl Spender als auch Seife müssen transparent sein. Lösen Sie die Etiketten von der Flasche, schneiden Sie ein Foto aus und laminieren Sie es. Dann vorsichtig einrollen, durch die Öffnung schieben, fertig!

SAUBERE BEFREIUNG

WETTEN: Ihr Kind wird sich von nun an immer mit Seife die Hände waschen.

Wassermotive sind schön, aber kein Muss: Zum Einbetten eignen sich **KUNSTSTOFFTIERE** und -figuren und wasserfestes Spielzeug aller Art.

Achten Sie bei der Größe der Seife darauf, dass Ihr Kind sie mit seinen kleinen Händen **GUT GREIFEN** kann.

SEIFENMUFFEL? Für eine Extramotivation beim Händewaschen können Sie ein kleines Spielzeug in ein Seifenstück einbetten. Alles, was Sie dafür brauchen, ist Glycerinseife und Duftöl (beides gibt's im Bastelladen).

DIE SEIFE SCHMELZEN, Duftöl zugeben und Förmchen (Silikon) zur Hälfte damit füllen. Nach ca. 30 Minuten die Figur mit dem Gesicht nach unten hineinlegen und mit Seife bedecken. Erkalten lassen und ab geht die Schaumparty!

Faustregel

Keime werden nur durch die Verwendung von Seife weggespült, aber manche Kinder sind übereifrige Pumper. Für **kleinere Schaumportionen** ein Gummi um den Flaschenhals des Spenders wickeln.

HÄNDEWASCHEN LEICHT GEMACHT

Kinder zum Händewaschen zu erziehen ist eine zähe Nummer, aber spätestens, wenn man nach Wochen die Erkältungszeit überstanden hat, sich in Sicherheit wiegt und dann das Kind mit „Magendarm“ zu Hause hat, entwickelt man die Strenge eines Feldwebels und die Beharrlichkeit einer Gebetsmühle.

Klingt sauber
Unbemerkt landen Hände etwa hundert Mal am Tag im Gesicht – reichlich Gelegenheit für Bakterien und Viren, sich in den Mund zu mogeln. Einmal kurz unter's Wasser beeindruckt sie leider gar nicht, da geht höchstens etwas Dreck ab. Gründliche Reinigung dauert 20 Sekunden, also ungefähr so lang wie zwei Mal „Happy Birthday“.

Schaumparty
Schaum verteilt sich schön leicht auf Kinderhänden, daher bieten sich spezielle Spender (generell hygienischer als Seifenstücke) an. Wenn sie leer sind, einfach mit einem Drittel flüssiger Seife und zwei Dritteln Wasser auffüllen, das schont Geldbeutel und Umwelt.

Hände hoch!
Unerreichbarkeit frustriert selbst den gewissenhaftesten Händewascher, also unbedingt einen Tritthocker ans Waschbecken stellen. Das verhindert auch, dass nackte Ärmchen auf das abschreckend kalte Waschbecken gestützt werden müssen.

In trockenen Tüchern
Abtrocknen ist wichtig, denn mit nassen Händen werden Bakterien schneller übertragen als mit trockenen. Daher Handtücher für Kinder immer auch gut erreichbar auf deren Höhe aufhängen. Am besten sind sie an der Heizung aufgehoben: je trockener, desto weniger Bakterien.

Spülmittel
greift den natürlichen Säureschutzmantel der Haut an und ist für die Handhygiene ungeeignet! Statt des Geschirrhandtuchs ein separates Handtuch für die Hände benutzen, sonst wandern die Bakterien auf's nächste Glas.

Chemiefalle
Verzichten Sie auf antibakterielle Seife! Sie bietet keinen ausreichend belegten Vorteil gegenüber herkömmlichen Handseifen. Außerdem enthalten viele Sorten die Chemikalie Triclosan, die bei Bakterien Resistenzen fördern kann.

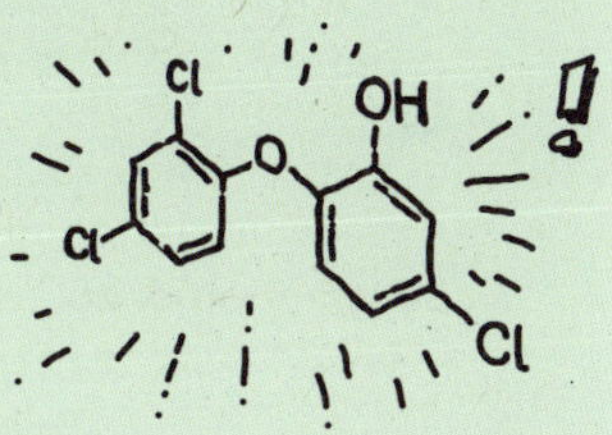

EISZEIT!

Sommer + Kinder = Eis. Und wenn man's dazu noch selbst macht, geht die Rechnung auch für die Gesundheit auf.

Für Eis am Stiel geeignete Gefäße gibt es recht günstig im Handel, man kann aber auch leere Joghurtbecher verwenden. Damit darin die Stäbchen mittig steckenbleiben, fixiert man sie mit einer Wäscheklammer.

Für die Mischung (ca. 4 Portionen) pürieren Sie 250 g reife Früchte, 100 g Naturjoghurt und 2 EL flüssigen Honig (für die Süße und weil sich dadurch weniger Eiskristalle bilden). Je nach Behältergröße ist das Eis nach sechs bis acht Stunden startklar.

Eisige Abkürzung: Stecken Sie einen Stiel durch den Deckel in einen Fruchtjoghurt und lassen Sie ihn gefrieren. Oder füllen Sie nur Fruchtsaft in die Förmchen, das geht zur Not auch.

Für kleine Eisdrops setzen Sie Joghurttropfen auf ein mit Backpapier belegtes Blech und frieren sie ein. Daran haben besonders Kleinkinder Spaß.

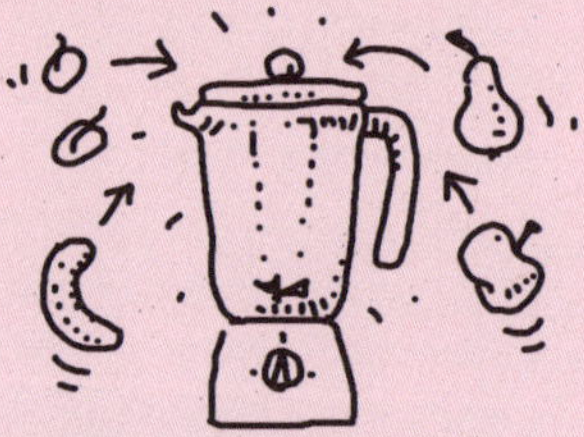

Stäbcheneis besteht aus Wasser, Zucker und Farbstoffen. Das können Sie besser! Pürieren Sie reife Früchte mit einem leckeren Saft für DIY-Stäbcheneis. Bleibt noch die Sache mit den Plastiktütchen: Entweder sie verzichten darauf und verwenden dünne lange Eisbehälter. Oder Sie machen sich die Burschen selbst:

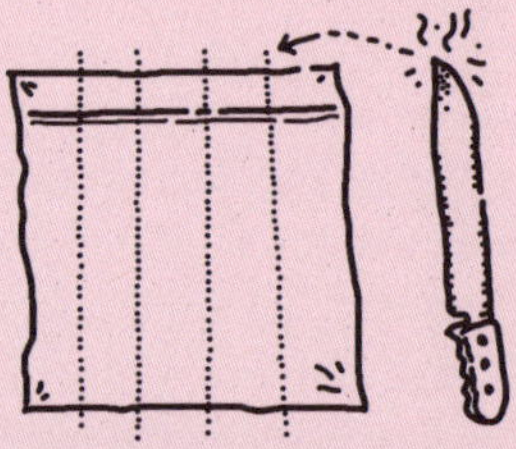

Für Stäbcheneistütchen brauchen Sie einen Druckverschlussbeutel. Erhitzen sie die Klinge eines Messers mit einem Feuerzeug und schneiden Sie damit den Beutel in schmale verschließbare Schläuche. Sie können nun mit dem Fruchtpüree gefüllt werden.

***

Stellen Sie das Stäbcheneis möglichst senkrecht ins Gefrierfach, dann bleibt der Verschluss sauber.

MUFFIN-EIS

KINDERGEBURTSTAGS-HIT: Dieses „Eis" schmilzt bestimmt nicht in den Händen der Partygäste.

Sie können einfach Ihr erprobtes **LIEBLINGS-RÜHRKUCHENREZEPT** verwenden. Die Menge für eine Kastenform füllt etwa 24 Waffelbecher.

Setzen Sie die Waffeln in die Mulden eines Muffinblechs. Zu wackelig? Für **STABILITÄT** auf ein Marzipankügelchen kleben.

FÜR RÜHRKUCHEN 125 g weiche Butter mit 125 g Zucker und 1 Packung Vanillezucker 5 Minuten cremig rühren. 2 Eier nacheinander je 1 Minute unterrühren. 125 g Mehl mit ½ TL Backpulver mischen und mit einem Holzlöffel unterheben.

Den Teig in einen Spritzbeutel geben und 24 Eiswaffeln damit zu je zwei Dritteln füllen. Bei 160 °C (vorgeheizt) ca. 18 Minuten backen. Abkühlen lassen. Mit geschmolzener Kuvertüre bestreichen und hemmungslos verzieren.

ICH HAPPS!

Runde Früchtchen

wie Trauben oder Oliven für Kleinkinder immer **halbieren.** Ratzfatz geht das zwischen zwei Plastikdeckeln.

Wassermelone

wird zu **handlichen Stäbchen,** wenn man sie halbiert, die Hälfte auf die flache Seite legt und die Schnitte gitterförmig anordnet.

Spaghetti

für alle – und das kleinste Familienmitglied kämpft mit den langen Strängen? Einfach das Nudelknäuel beherzt mit einer **Schere** zerkleinern.

Pizza

für mehrere Kinder zu schneiden, kann recht mühsam sein. Viel schneller als mit dem Messer geht das mit einer **Haushaltsschere.**

Hotdog

bedeutet in den meisten Fällen Ketchup-Alarm. Damit der nicht auf dem ganzen Kind landet, kommt er **unter die Wurst** statt oben drauf.

Buchstaben aufgegessen

und Brühe löffeln ist mühsam? Mit einem **Strohhalm** macht (lauwarme!) Brühe schlürfen wieder Spaß.

Pizzaroller

zerteilen im Handumdrehen Pancakes, Sandwiches, Blechkuchen in **mundgerechte Stückchen.** Von wegen One Hit Wonder!

Partytime

und eine Last-Minute-Kuchendeko muss her? **Keksausstecher** in lustigen Formen bilden eine praktische **Zuckerstreuselgrenze** auf dem Guss!

Echte Strohhalme

Ein Naturprodukt mit Retro-Touch! Sie lassen sich im Kompost entsorgen, sind allerdings recht dünn, daher eher für Wasser und Saft als für Smoothies geeignet. Doch es gibt Alternativen.

RÖHRCHENSPASS OHNE REUE

Rund drei Milliarden Plastikstrohhalme werden täglich weltweit verbraucht – ein kurzer Spaß für uns, eine enorme Belastung für die Umwelt. Höchste Zeit also, den Spot auf plastikfreie Alternativen zu richten, damit beim nächsten Kindergeburtstag fröhlich und mit gutem Gewissen drauflosgeschlürft werden kann.

Papierstrohhalme sind oft bunt bedruckt, kompostierbar und unbedenklich für die Gesundheit. Sie sind allerdings nicht ganz geschmacksneutral.

Essbare Halme aus Apfelfasern, die bei der Saftproduktion anfallen, sind nachhaltig und lecker, aber man muss schnell sein: Die Halme lösen sich nach ca. 45 Minuten auf.

Durch Makkaroni zu schlürfen finden Kinder besonders witzig. Die umweltfreundlichen Röhrchen eignen sich für Wasser und Saft, sind kompostierbar oder eben essbar.

Bambus ist ein schnell nachwachsender Rohstoff, von Natur aus antibakteriell, hat aber einen Eigengeschmack. Vorteil: Bambushalme sind wiederverwendbar. Achten Sie beim Kauf darauf, dass eine Reinigungsbürste mitgeliefert wird.

Halme aus PLA-Biokunststoff bestehen größtenteils aus (Mais-)Stärke, enthalten keine Weichmacher, sind bruchsicher und kompostierbar. Einige Sorten lassen sich nur bis 40 °C verwenden, viel heißere Getränke trinken Kinder aber ohnehin selten beziehungsweise eher ohne Strohhalm.

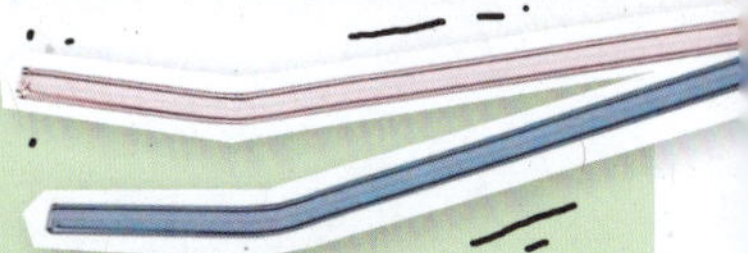

Glastrinkhalmen stehen viele Eltern aufgrund der Zerbrechlichkeit kritisch gegenüber. Sie eignen sich für Kinder, die gewohnt sind, aus Gläsern zu trinken, das gehärtete Glas ist zwar nicht bruchsicher, aber immerhin bruchfest. Ihre großen Vorteile: Sie sind geschmacksneutral, problemlos zu reinigen (transparent!) und spülmaschinenfest.

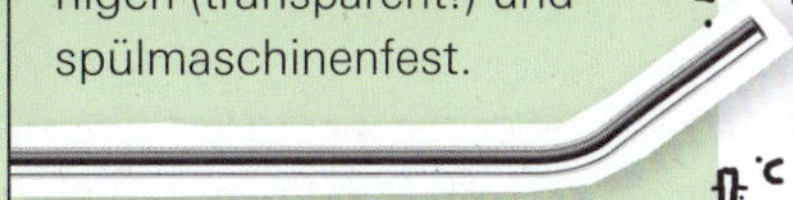

Edelstahlhalme sind „ewig" haltbar, spülmaschinenfest, recht geschmacksneutral – und überraschend kalt am Mund.

Silikonröhrchen sind biegsam und eignen sich daher gut für Kleinkinder. Die Reinigung der wiederverwendbaren Halme ist etwas kniffig, aber nicht unmöglich. Achten Sie auf BPA-freie Produkte!

NATÜRLICH BUNT

SUPER, HASE! Ostereier kann man ganz einfach auch ohne Chemie färben.

Zum Eintauchen und Herausheben der Eier einen **PASTALÖFFEL** verwenden, der bietet Halt und die Farbe kann abtropfen.

Für **HÜBSCHE BLATTMUSTER** ein Petersilienblatt oder Ähnliches auf die Schale legen und das Ei vor dem Färben stramm in einen Nylonstrumpf hüllen.

PINK: 2 Tassen geriebene Rote Bete mit 2 Tassen Wasser 30 Minuten kochen. **ORANGE:** 2 Tassen braune Zwiebelschale mit Wasser bedecken und 60 Minuten köcheln. **GELB:** 2 Tassen Wasser mit 1 EL Kurkumapulver 15 Minuten kochen. **BLAU:** 2 Tassen gehackten Rotkohl ca. 3 cm hoch mit Wasser bedecken und 60 Minuten köcheln. **DANACH** Farbe abseihen und abkühlen lassen. Pro 200 ml 1 EL Essig zugeben und hart gekochte Eier darin über Nacht im Kühlschrank ziehen lassen.

STREUSELSTATION

STABIL: Statt sie haufenweise aus dem Röhrchen zu streuen, werden Zuckerstreusel so mit dem Löffel auf den Keksen verteilt.

Backen ist gut, Verzieren ist der Knaller: Wer eine **SPONTI-LÖSUNG** braucht, lässt die Kinder ausnahmsweise mal gekaufte Kekse dekorieren.

Ersatzweise können Sie die Streusel auch in **PAPIER-MUFFIN-FÖRMCHEN** geben und diese in ein Muffinblech setzen.

FÜR MANDEL-BUTTER-KEKSE (ca. 40 St.) 200 g Butter mit 140 g Zucker, 1 Packung Vanillezucker und 1 Prise Salz cremig rühren. 1 Ei zugeben und unterschlagen. 300 g Mehl und 100 g blanchierte, gemahlene Mandeln zugeben. Zu einem glatten Teig verarbeiten und abgedeckt 1 Stunde kaltstellen. Ausrollen, Plätzchen ausstechen und bei 175 °C ca. 10 Minuten backen. Für den Guss 100 g Puderzucker mit ca. 3 TL Zitronensaft oder Milch glattrühren.

Schokohasen und -nikoläuse

fristen nach den Feiertagen ein trauriges Dasein? Im Gefrierfach hält sich **gehackte Schokolade** eine kleine Ewigkeit und ist griffbereit, wenn man sie zum Backen braucht.

DER REST VOM FEST

Nach den Feiertagen verschmähen traditionell selbst Kinder die Schokonikolausmannschaft, die sich bis dahin eingemietet hat, oder die goldigen Hasen mit „appen Ohren". Doch man muss das Baby nur anders nennen, dann reißen sich wieder alle darum und nichts wird verschwendet!

Zum Schmelzen der Schokolade kann man sie zerbröselt in ein Schälchen geben und im Wasserbad schmelzen oder mit dem Fön anpusten. Achtung, beides darf nicht zu heiß sein, sonst gibt's weiße Schlieren!

Bei Schoko-Crossies helfen schon die Kleinsten gerne mit: Einfach Cornflakes (am besten ungesüßte, in der Schokolade steckt ja schon genug Zucker) in die geschmolzene Schokolade mischen und mit einem Löffelchen kleine Berge auf Backpapier setzen. Am nächsten Tag sind sie schön knusprig.

Fruchtig wird's, wenn man Erdbeeren oder halbe Bananen in die Schokolade tunkt. Dabei darauf achten, dass das Obst ganz trocken ist, sonst klumpt die Schokolade. Wer mag, streut noch Kokosraspeln, gehackte Nüsse oder – das kommt bei Kindergeburtstagen super an – bunte Streusel drauf.

Für Kalter-Hund-Häppchen 100 g zerlassenes Kokosöl, 1 EL Zuckerrübensirup und 150 g zerbrochene Butterkekse in 200 g geschmolzene Schokolade rühren. In eine mit Backpapier ausgelegte Form (20 × 10 cm) drücken, abkühlen lassen und über Nacht im Kühlschrank festwerden lassen. Jetzt noch in kleine Würfel schneiden – fertig.

Für Schoko-Pancakes je 1 Becher Mehl und Milch mit 1 Ei, 1 EL Zucker (optional), 1 TL Backpulver und 1 Prise Salz verquirlen. Zum Schluss 1 gehackten Schokonikolaus unterheben und die Pancakes bei mittlerer Hitze in einer gefetteten Pfanne braten.

Hefezopf geplant? In alle oder einen der Teigstränge Schokostückchen einrollen, das sorgt für eine süße Überraschung beim Nachmittags-Snack.

Heiße Schokolade wird auch im Januar noch gerne getrunken. Statt Pulver einfach den Schokonikolaus in heißer Milch auflösen.

RESTLOS GLÜCKLICH

1 Kartoffeln

Aus Kartoffeln vom Vortag lassen sich viele schnelle Gerichte zaubern, etwa eine Kartoffeltortilla (ca. 2 Portionen): 500 g Kartoffeln in Scheiben mit je 1 gehackten Zwiebel und Knoblauchzehe in einer ofenfesten Pfanne in Öl anbraten. 3 Eier und ½ TL Salz unterrühren. Kurz stocken lassen, dann unter dem Backofengrill fertiggaren.

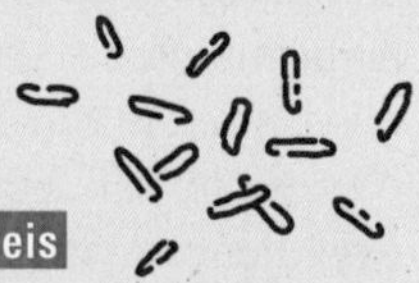

2 Reis

Reis lässt sich wunderbar weiterverwerten, er muss aber zügig runtergekühlt und im Kühlschrank aufbewahrt werden. Verwenden Sie ihn als Einlage für Tomatensuppe, zum Füllen von Paprika, mischen Sie ihn mit kleingeschnittenem Gemüse zu einem leckeren Salat oder machen Sie gebratenen Reis.

3 Nudeln

Pasta ist frisch am besten, aber manchmal kocht man versehentlich zu viel oder der Hunger reicht nicht. Macht nix. Aus Makkaroni können Sie einen Auflauf zaubern, manche Nudeln eignen sich als Einlage für Suppen (zum Beispiel Minestrone), andere werden zu einem schnellen Nudelsalat.

4 Kartoffelpüree

Für lecker-luftige Kartoffel-Bratlinge 500 g Püree mit 2 verquirlten Eiern und einer Handvoll gehackter Kräuter (Petersilie, Schnittlauch, Dill ...) verrühren, salzen, pfeffern. Kleine Küchlein formen, in Semmelbröseln wälzen und in Öl braten. Dazu passt Fisch.

5 Couscous, Bulgur, Quinoa

Diese kleinen Körnchen werden im Handumdrehen zu leckeren Salaten, können aber auch zu Bratlingen verarbeitet werden. Für guten Zusammenhalt etwas Ei zugeben, ansonsten ist erlaubt, was schmeckt: beispielsweise Zwiebel, Gouda, Kräuter untermischen und ab in die Pfanne.

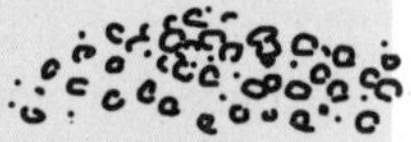

6 Brot und Brötchen

Trockenes Brot in Würfel schneiden und mit etwas gehacktem Knoblauch anbraten für Knabberspaß auf Suppen und in Salaten. Oder zu Bröseln mixen, fein gehackte Kräuter zugeben und als Knusperkruste auf Ofenfisch geben. Brötchen vom Vortag werden wieder kross, wenn man sie vor dem Aufbacken nass macht.

BUNT, BUNTER, BROTDOSE

Ein bisschen Geschnippel und schon futtert der Nachwuchs wie der Blitz seine Brotbox leer.

Schnittchen für die Krümel: Kleine Häppchen sind für Kinder viel verlockender als eine große Stulle, die sich, nachdem sie einmal angebissen wurde, in der nächsten Pause wie Resteessen anfühlt. In mundgerechten Dreiecken oder Quadraten schmeckt das Sandwich noch mal so gut.

Plätzchenausstecher machen Laune. Sternchenbrote für die angehenden Astronauten oder Blumenschnitten im Frühling – erlaubt ist, was verlockt.

Tauschobjekt Wenn zwei verschiedene Brotsorten vorhanden sind, kann man auch ein Motiv aus beiden Scheiben ausstechen und austauschen, also den hellen Stern ins dunkle Brot und umgekehrt.

Auch Obst und Gemüse wird attraktiver, wenn man ihm eine neue Form verleiht: Ein Gurkentaler mit Möhrenherz zieht bestimmt als Erstes die Aufmerksamkeit auf sich.

Und die Reste? Obstreste schmecken köstlich in Smoothies, Gemüsereste in Salat oder Suppe. Brot zu Croutons rösten und Käse- oder Wurstschnipsel kühlen, sammeln und im Auflauf oder Rührei verwenden.

Klebrige Finger finden manche Kinder unangenehm und lassen deswegen das Obst liegen. Geben Sie ihnen eine kleine Gabel (mit abgerundeten Zinken) mit.

Wurstmopser Manche Kinder futtern den lockeren Belag vom Brot und das war's dann. Weiches Brot lässt sich nach dem Bestreichen zu Röllchen drehen. Dann einfach in Scheiben schneiden – sieht schön aus und wird (vielleicht) nicht auseinander gefummelt.

Kleine Botschaften lassen sich mit einer Nadel in Bananenschale ritzen. Sie dunkeln nach und sind spätestens in der Pause gut zu erkennen.

Liebesmüh, die sich lohnt

Auch wenn es schneller geht, fertige Snacks in der Lunchbox mitzugeben als alles selbst zuzubereiten: Selbstgemachte Happen sind gesünder, günstiger und man vermeidet Müll.

RETTER DER LUNCHBOX

Immer diese Pausenbrotdosen: Morgens packt man sie leicht gestresst, aber liebevoll zusammen und nachmittags kommen sie fast voll wieder – na toll! Mit ein paar Tricks kriegt man auch in letzter Minute noch ein Brot in die Dose, alles bleibt schön kühl und lange frisch.

Aufgeräumt Auf dem Weg in den Kindergarten oder zur Schule werden Brotdosen oft ordentlich durchgeschüttelt. Besorgen Sie Boxen mit Unterteilung, damit sich nicht alles vermischt und eklig wird. Alternativ kleine (Silikon-)Förmchen hineinstellen.

Cool! Legen Sie einen feuchten flachen Schwamm in eine verschließbare Tüte und lassen Sie ihn über Nacht im Gefrierfach. Am nächsten Morgen können Sie diesen kleinen Kühlakku zur Brotdose geben, dann bleibt das Frühstück lange frisch.

Kühl to go: Machen Sie ein Fruchtpüree aus Lieblingsobst und frieren Sie es in Eiswürfelbehältern ein. Legen Sie einen Fruchtwürfel hinzu, wenn Sie Ihrem Kind Joghurt in einer (gut verschließbaren) Dose mitgeben, das hält ihn kühl.

Die Schnittflächen von Apfelschnitzen werden nicht so schnell braun, wenn Sie die Stücke kurz in Honigwasser (1 TL Honig pro 1 l Wasser) baden.

Jetzt aber flott! Bereiten Sie für die Tage, an denen es morgens drunter und drüber geht, Notsandwiches zu und frieren Sie sie ein. Gut geeignete Beläge sind etwa Butter, Nussmus, Schnittkäse, Wurst, Marmelade. Weiches Brot ist nach ca. drei Stunden aufgetaut.

SOS-Brot in Scheiben im Tiefkühlfach rettet Sie montags, wenn keine frischen Backwaren mehr da sind. So viele Scheiben entnehmen, wie gebraucht werden und im Toaster auftauen.

Die Brotdose kommt trotzdem noch recht voll wieder zu Hause an? Packen Sie alle Reste auf ein Tellerchen. Merkwürdigerweise werden sie dann meistens gegessen.

N'ICE CREAM

FIX GEMIXT: Diese Eiscreme schmeckt Kleinen und Großen.

Solo schmeckt das **BANANENEIS** total lecker (und gar nicht mal so sehr nach Banane), aber man kann auch andere gefrorene Früchte mitpürieren.

Die Bananen sind schon **ULTRAREIF?** Prima, dann sind sie genau richtig zum Einfrieren und werden morgen im Mixer zu Eiscreme.

IM SOMMER freuen sich auch die Kleinen über eine Abkühlung – aber deswegen muss es ja nicht immer klebrig-süßes Eis sein. Wenn Sie ein paar sehr reife Bananen haben, machen Sie doch mal Bananeneis:

BANANEN in Scheiben schneiden, einfrieren und am nächsten Tag im Mixer cremig pürieren. Nach Belieben können zum Beispiel Mangos mitpüriert werden – am besten auch tiefgefroren, sonst wird's eher ein eiskalter Smoothie.

SPAGHETTI-EIS À LA CASA

PRESSEN! Dann steht dem köstlichen Eisgenuss nichts mehr im Wege.

Lassen Sie das Eis vor dem Durchpressen kurz **ANTAUEN**, sonst kann es ganz schön auf die Muckis gehen.

Quetschen Sie sich munter durch die Eissorten – „Vollkornnudeln" aus **SCHOKOEIS**, rosa Miniwürmchen mit Schoko-Erdhügel …

FÜR HAUSGEMACHTES SPAGHETTI-EIS 2 Kugeln Vanilleeis in eine gut gekühlte Kartoffel- bzw. Spätzlepresse geben und auf einen Klecks geschlagener Sahne drücken. „Tomatensoße" ist neben Raspeln aus weißer Schokolade ein Muss: Für eine Sponti-Soße (ca. 250 ml) 250 g Erdbeeren mit 1 EL Zucker oder Honig pürieren. Länger haltbar ist eine gekochte Version: 250 g Beeren, 3 EL Zucker, je 2 EL Orangen- und Zitronensaft 5 Minuten köcheln und pürieren.

COOL DOWN!

Uncool: Tiefkühl-Beeren

Tiefgefrorene Beeren **nicht zum Kühlen** verwenden! Vor dem Verzehr immer aufkochen, da sie sonst den Norovirus übertragen können.

Heiße Nudeln

lassen sich mit **(frisch) abgekühlter Tomatensoße** auf Esstemperatur bringen. Ist nicht schickimicki, aber welche Kindermahlzeit ist das schon?

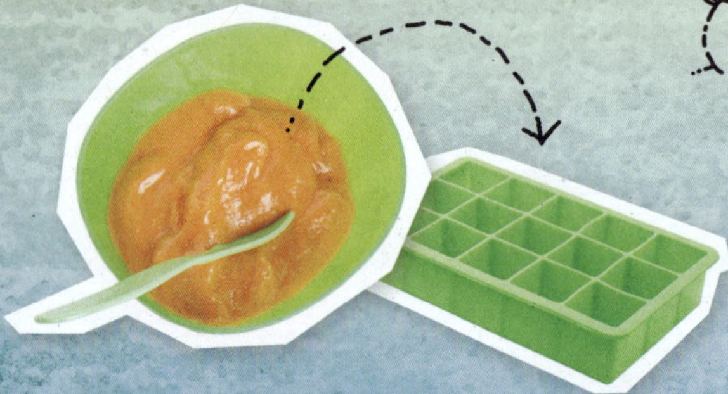

Gemüsebrei

in **Eiswürfelbehälter** einfrieren, dann hat man ihn zur Hand, wenn der Mittagsbrei oder die Suppe zu heiß geworden sind.

Für Milchpulver

soll Wasser abgekocht, aber nur 50 °C heiß sein? Abgekochtes Wasser (zum Mischen) abkühlen und in einem **sterilen Gefäß** aufbewahren.

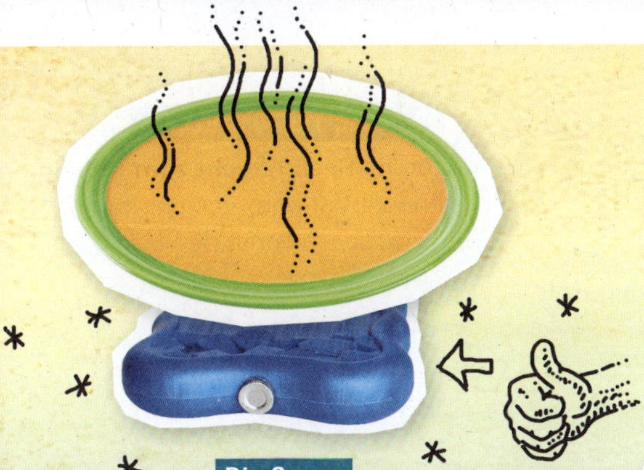

Die Suppe

ist brüllend heiß? Einfach den gefüllten Teller (auf der Arbeitsfläche) kurz auf einem **Kühlpack** aus dem Tiefkühlfach chillen lassen.

Warmhalteteller

können auch anders: Einfach **kaltes Wasser einfüllen,** dann kühlt der heiße Brei ein wenig schneller auf babygerechte Temperatur runter.

Obstbrei

in **Eiswürfelbehältern** einfrieren und in eine Dose umpacken. So kann man schnell ein Portiönchen entnehmen, um den **heißen Porridge** zu kühlen.

Bananenscheiben

können problemlos eingefroren und **als fruchtig-süße Eiswürfel** in heißem Nachmittagsbrei genutzt werden.

EINMAL VOLLTANKEN

Löschen bitte!

30 °C, flitzen und schwitzen: Kinder merken häufig selbst im Sommer nicht, dass sie ein Getränk brauchen; ihr Durstgefühl stellt sich im Grunde erst ein, wenn der Speicher schon dramatisch leer ist. Ihr Körper hat im Verhältnis einen höheren Wasseranteil als der von Erwachsenen, daher muss besonders bei ihnen auf ausreichend Flüssigkeitszufuhr geachtet werden – sonst drohen Kopfschmerzen, Konzentrationsstörungen, Müdigkeit und langfristig schlechte Verdauung.

Spaß im Glas

Wasser ist die erste Wahl unter den Durstlöschern, denn gesüßte Getränke wie Limo schaden den Zähnen, erhöhen das Diabetesrisiko und machen auf Dauer dick. Aber mit ein bisschen Kreativität kann man Wasser oder Saftschorlen pimpen, dann kommt auch der Spaß nicht zu kurz. Gefrorene Trauben werden zu leckerem Eiswürfelersatz, pürierte Wassermelone zaubert rosa Sprudel, ein Cocktailspieß mit Früchten sorgt für Partygefühl.

Wasserbomben naschen

Durstlöscher kommen nicht nur im Glas daher – zwischendurch kann man den Tank auch mit leckerem Obst und Gemüse auffüllen. Zu den besonders wasserreichen Lebensmitteln zählen Gurke, Wassermelone, Erdbeeren, Radieschen, Eisbergsalat, Orangen, Tomaten, Paprika, Pfirsiche, Ananas, Himbeeren, Fenchelknollen, Kohlrabi und Äpfel.

Infused Water …

… ist schick für „Wasser mit Schmacks". Für aromatisches Erdbeerwasser 3 Erdbeeren dünn schneiden und mit 4 Limettenscheiben und 1 Stiel frischer Minze in 450 ml Wasser geben und im Kühlschrank durchziehen lassen. Beerig-frisch wird das Wasser mit 6 Gurkenscheiben, einer kleinen Handvoll frischer Beeren und 1 TL Zitronensaft. Zitrusfreunde mischen 4 halbierte Orangenscheiben, 3 Stückchen Ingwer und 2 Thymianzweige zum Wasser.

SOS-SCHOKOKUCHENMIX

TURBOGEBÄCK: Schneller geht Schokokuchenbacken wirklich nicht.

Für einen **GEWÜRZ-KUCHEN** braunen Zucker statt weißem verwenden und 1 EL Lebkuchengewürz dazugeben.

Aus der Mischung kann man auch etwa **ZWÖLF MUFFINS** backen – dann aber die Backpulvermenge auf 1 Packung erhöhen. Bei 160 °C 20–25 Minuten backen.

SPONTANER KUCHENBEDARF? Mischen Sie für den Ernstfall in einem Schraubglas (ca. 1 l) 250 g Zucker, 200 g Mehl, 150 g gemahlene Mandeln, 60 g Kakaopulver, 1 Packung Vanillezucker, ½ Packung Backpulver und 1 Prise Salz – und bunkern das Ganze im Vorratsschrank. Zum Fertigstellen nur noch 4 Eier, 125 ml Öl und 125 ml Wasser verquirlen, Kuchenmix zugeben und 5 Minuten mixen. In eine gefettete Form füllen und bei 160 °C (vorgeheizt) ca. 60 Minuten backen.

DICHT HALTEN!

Trinkpäckchen

werden nicht mehr zu Springbrunnen, wenn man die **Seitenlaschen** nach oben klappt – und das Kind das Päckchen auch nur daran festhält.

Eis am Stiel

schmilzt in der Sommersonne ratzfatz. Gegen klebrige Finger den Stiel durch ein **Muffinförmchen** oder eine Gurkenscheibe stecken.

Lollipausen

auf dem Spielplatz können zur Klebefalle mutieren. Doch in diesem Parkplatz matscht die Süßigkeit nicht die Tasche voll und bleibt sandfrei.

Knabberkram

und Müsli lassen sich kontrollierter herausschütten, wenn man sie in eine **leere Plastikflasche** füllt.

Stäbcheneis

flutscht immer wieder durch die Kinderfinger nach unten? Eine **Allzweckklammer** klemmt den unteren Tütchenteil ein und das Eis bleibt oben.

Rutschpartien

sind bei der Kombination von Kind und Wrap vorprogrammiert. Eine **Tütenklammer** verschließt das Brot und alles ist paletti.

Obstsalate

sind in **Behältern mit Deckel** beim Sommerfest am besten aufgehoben, denn die halten den süßen Imbiss und das Büffet insektenfrei.

Dressing-Shaker

sind Messbecher und Quirl in einem und damit prädestiniert für das klümpchen- und **kleckerfreie Anmischen** von Milchnahrung.

PFANNKUCHENFIGUREN

SPASS IN DER PFANNE: Wer hat denn bestimmt, dass Pfannkuchen immer rund sein müssen?

Wenn Sie einen großen **PLÄTZCHENAUSSTECHER** haben, können Sie ihn auch als Begrenzung für Spiegeleier nutzen.

Der Teig kann mit einer **SPRITZFLASCHE** in die Förmchen gefüllt werden, ein Löffel tut's aber genauso gut.

FÜR PFANNKUCHENTEIG in einer Schüssel 1 Becher Mehl mit 1 Becher Milch, 1 Becher Sprudelwasser, 1 Ei, 1 EL Öl, 1 EL Zucker (optional) und einer guten Prise Salz mit einem Schneebesen glattrühren. 30 Minuten quellen lassen, dann werden die Pfannkuchen schön luftig. Förmchen fetten (!) und in die gefettete Pfanne setzen, mit Teig füllen und die Pfannküchlein bei niedriger Hitze braten. Mit einer Zange wenden und fertig garen.

SMILEY-PANCAKES

GUT DRAUF: Jeder freut sich über ein fröhliches Gesicht am Esstisch.

KUNSTSTOFF-SPRITZFLASCHEN zum Quetschen finden Sie im Internet, aber auch im gut sortierten Haushaltswarenladen.

Oder eine alte Ketchupflasche umfunktionieren.

Smileys, Blumen, Herzen: Lassen Sie der **KREATIVITÄT** ruhig ihren Lauf, solange sie Sie nicht lange aufhält – die Deko wird schnell dunkel.

FÜR ETWA 15 PANCAKES 180 g Mehl, 2 EL Vanillezucker, 1 TL Backpulver, 1 TL Natron und 1 Prise Salz vermischen. 200 ml Buttermilch, 2 Eigelb und 2 EL Öl verquirlen, mit einem Löffel unter die Mehlmischung rühren. 2 Eiweiße steif schlagen und unterheben. Eine Spritzflasche mit Teig füllen (eventuell mit Wasser verdünnen). In eine gefettete Pfanne Muster spritzen, einmal rund umranden und anschließend auch die Fläche mit Teig füllen. Wenden und fertig backen.

KLEINE MUNTERMACHER

Die Nächte junger Eltern sind in den meisten Fällen so erholsam wie ihre Tage, nur ohne Licht. Zum Wachwerden und um den Blutzuckerspiegel hochzustemmen, ist man daher zu früher Stunde froh um den einen oder anderen Helfer. Unsere fünf kleinen Muntermacher sind zügig gezaubert oder gut vorzubereiten und helfen auch über ein kleines Nachmittagstief hinweg.

Die süßen Frühstücksriegel, der cremige Smoothie und die frische Limo kommen auch bei den Kindern gut an, die Energiebällchen und der Kaffee sind natürlich den Großen vorbehalten.

1 Frühstücksriegel

Den Backofen auf 165 °C vorheizen. 125 g kernige Haferflocken, 50 g Sonnenblumenkerne, 2 EL Mandelblättchen, 4 EL Amaranth-Pops, 2 EL Chiasamen und 50 g gehackte Cranberries in einer Schüssel mischen. 1 EL zerlassenes Kokosöl mit 75 ml Ahornsirup, 1 TL Vanille-Extrakt, 85 g Mandelmus, 1 TL Zimt und 1 Prise Salz verrühren und mit der Haferflockenmischung vermengen. Mit nassen Händen fest in eine mit Backpapier ausgelegte Form pressen. 15 Minuten backen, auskühlen lassen und in 12 Quadrate schneiden.

2 Grashüpfer-Smoothie

Für 2 Avocado-Dattel-Smoothies 1 Avocado entkernen. Das Fruchtfleisch in einen Mixbecher löffeln und mit 400 ml Kuh- oder Mandelmilch, 4 weichen Datteln, 1 EL feinen Haferflocken, 1 EL Mandelmus, 1 EL Limettensaft und ½ TL Zimt pürieren. Für einen extra Koffein-Kick kann man auch 1 TL Matcha-Pulver mitmixen – das ist aber natürlich nichts für Kinder.

Für eine Smoothie-Bowl 2 EL feine Haferflocken mitpürieren, alles in eine Schale füllen und mit frischen Früchten und Knuspermüsli belegen.

3 Power-Bällchen

Für 20 Bällchen 30 g Kokosraspel in einer Pfanne anrösten. 130 g weiche Datteln (Medjoul-Datteln sind besonders lecker!) im Blitzhacker pürieren. Die Kokosraspeln, 2 EL Kokoscreme, 50 g fein gehackte Pekankerne, 1 EL Kakaopulver, 1½ TL Matcha-Pulver, 3 TL Kokosblüten- oder Ahornsirup und 1 Prise Salz zugeben und zu einer homogenen Masse mixen. Mit einem Teelöffel kleine Portionen abstechen und mit den Händen zu Kugeln formen. Nach Belieben in Kokosraspeln wenden. Im Kühlschrank aufbewahren.

4 Kardamom-Milchkaffee

Kardamom mildert den bitteren Geschmack von Kaffee und wirkt belebend. Statt Pulver kauft man am besten ganze Kardamomkapseln und mörsert die herausgelösten Samen frisch (die Schalen werden nicht verwendet.)

Für 1 Milchkaffee entweder einen doppelten Espresso oder etwa 70 ml starken Kaffee zubereiten. 3 Kardamomkapseln öffnen, die Samen im Mörser zerstoßen und mit ca. 180 ml Milch bei niedriger Hitze erwärmen. In Milchkaffeetassen gießen, den Kaffee zugeben und langsam wach werden.

5 Ingwer-Minze-Limo

Für den Limonadensirup die Schale von 4 Zitronen abreiben und den Saft auspressen. Den Zitronenabrieb mit 2 EL geriebenem Ingwer und 400 ml Wasser aufkochen. Vollständig abkühlen lassen. Mit einer Handvoll Minzeblättern pürieren und durch ein Sieb abseihen. Anschließend etwa 8 EL flüssigen Honig und den Zitronensaft unterrühren. Im Kühlschrank aufbewahren oder den Sirup gleich in Gläser gießen und nach Geschmack mit Sprudelwasser auffüllen. Die Limo mit Eiswürfeln und mit Zitronenscheiben garniert genießen.

4
Eins,

GELASSEN UNTERWEGS

In den eigenen vier Wänden alles im Griff zu haben, ist eine Sache. Völlig andere Herausforderungen stehen Eltern bevor, die sich mitsamt der Familie nach draußen aufmachen. Wer ein paar Tricks parat hat, braucht nicht Jahre, um überhaupt loszukommen, umschifft Stolperfallen und kommt geschmeidig und vollzählig zurück.

Transporter-Transformer

Klar sind Buggys praktisch, aber ein paar kleine Kniffe verwandeln sie zu unserem neuen besten Kumpel und uns zum MacGyver des Stadtparks.

BUGGY-UPGRADES

Buggys begleiten Eltern mitunter jahrelang – kein Wunder, sind sie doch Transportmittel, Lagerraum, Esszimmer und Bett auf Rädern in einem. Dass Qualität bei Buggys nicht unbedingt teuer sein muss, zeigen die regelmäßigen Tests der Stiftung Warentest. Aber Vorsicht: Manche preisgünstigen Modelle sind mit Schadstoffen belastet!

Nippel durch Lasche
oder wie war das noch mal? Um sich die einzelnen Auf- und Zuklappschritte besser merken zu können, beschriftet man Aufkleber mit kurzen Anweisungen und bringt sie an den entsprechenden Stellen an.

Volle Ladung
Nach dem Einkauf leisten Buggys als Packesel gute Dienste – aber bitte nur das Untergeschoss und die vorgesehenen Taschen beladen. Zu hohes Gewicht am Lenker, zum Beispiel durch eine Tütensammlung am Karabinerhaken, lässt den Wagen schnell kippen – Unfallgefahr!

Er lebe hoch!
Das Auto ist voll mit Einkäufen – wohin jetzt mit dem Buggy? Wenn Sie einen offenen Kofferraum haben, heißt die Lösung: Hoch damit! Dafür zwei Kofferbänder mit Klettverschluss oder Gepäckspanner mit Karabinern an den Kopfstützenstiften einhaken, um den Buggy schlingen und festkletten beziehungsweise -haken.

Leuchtsignale
sorgen für bessere Sichtbarkeit in der Dämmerung. Dafür einfach selbstklebendes Reflektorband an den Seiten des Buggys befestigen.

„Verzeihung!"
hilft einem bei regem Gehwegverkehr manchmal nicht weiter. Auf eine kleine Klingel jedoch, die man am Lenker befestigt, reagieren die meisten.

Sollbruchstelle
Ob durch Dauerbenutzung oder gedankenverlorene Knibbelei: Der Schaumstoff am Buggylenker wird meist zuerst in Mitleidenschaft gezogen. Tennisgriffband macht ihn wieder einigermaßen ansehnlich.

Pause? Sicher.
Nicht überall ist genug Platz für unser Lieblingsfahrgestell. Wenn draußen geparkt werden muss, dient ein Fahrradschloss als Wegfahrsperre.

Aus den Füßen
An einem Tür- oder Garderobenhaken wartet der zusammengeklappte Buggy platzsparend auf den nächsten Trip zum Spielplatz.

DAS SITZT!

Kinderwagen/Buggy

Ein guter Kinderwagen bietet dem Baby viel Platz (innen mindestens 35 × 78 cm), sonst kann es nicht gut schlafen. Die Rückenlehne sollte mindestens 55 cm lang sein und sich für eine bequeme Schlafposition flachlegen lassen. Manche Kinder wollen die Eltern sehen, andere nach vorn schauen: gut, wenn der Schieber schwenk- oder die Sitzfläche drehbar ist. Luftbereifte Räder federn unebenes Gelände ab, Wagen mit wendbaren Vorderrädern schlängeln sich geschickt durch enge Läden. Denken Sie auch an sich: Haben Sie genug Schrittfreiheit? Ist der Schieber hoch genug, dass Sie aufrecht gehen können? Bremsen und Klappmechanismus sollten reibungslos funktionieren und das Transportmaß zu Ihrem Kofferraum passen.

Fahrradsitz

Bis 15 kg dürfen Kinder in Frontsitzen mitfahren, schwerere Passagiere müssen auf den Hecksitz. Achten Sie darauf, dass Ihr Kind mit Fahrradhelm eine bequeme Kopfposition im Sitz hat, nicht alle Sitze haben an entsprechender Stelle eine Einkerbung. Verdecken Sie die Sattelfedern, damit sich Ihr Kind nicht die Finger klemmt. Ein Zweibeinständer bietet Stabilität beim Rein- und Rausheben. Achtung: Für sichere Fahrt darf der Anschnallgurt vom Kind nicht allzu leicht zu öffnen sein – dass das selbst bei beliebten Modellen ein Problem ist, zeigt der Test aus dem Heft 03/2018 von „test".

Autositz

Lassen Sie Ihr Kind unbedingt vor dem Kauf eines Autositzes Probe sitzen, meistens sieht man sofort, ob es eine entspannte Haltung einnimmt. Bauen Sie den Sitz probeweise in Ihr Auto ein. Das Prüfsiegel ECE R 44 mit der Prüfnummer 03 oder 04 garantiert, dass der Sitz nach der neuesten Norm getestet und zugelassen ist. Gebrauchte Sitze nur bei bekannter Herkunft und Vorgeschichte verwenden – nach einem Autounfall sind Kindersitze Schrott!

BABYSCHALE TRAGEN

SCHMERZFREI: Mit dieser Technik geht das Tragen nicht auf Kosten Ihres Rückens.

Manche Babyschalen lassen sich besser tragen, wenn das Baby **NACH VORNE** schaut, bei anderen geht es umgekehrt besser.

Vielleicht können Sie manchmal Ihr Baby in eine **BAUCHTRAGE** setzen, statt es mitsamt Babyschale aus dem Auto zu heben, das schont den Rücken.

ELTERN SIND MEISTER des Zähnezusammenbeißens und wachsen mit unzähligen Aufgaben. Eine davon ist das Tragen des Babys in der Autoschale. Egal, welches Modell – das Ding ist nicht nur schwer, sondern auch klobig und unhandlich!

VERSUCHEN SIE MAL folgende Technik: den Arm durch den Griff führen und mit der Hand das hervorstehende Verbindungsstück von Griff und Schale auf Ihrer Seite fassen. Rücken und Hüfte werden es Ihnen danken!

DAS FLUTSCHT!

Auch wenn die meisten Kinder vermutlich am liebsten den ganzen Tag im Schlafanzug herumlümmeln würden, kommt ja doch irgendwann der Zeitpunkt des Anziehens. Damit diese tägliche Selbstständigkeitsübung nicht zum Frustthema wird, sollte man auf weiche Stoffe und unkomplizierte Verschlüsse achten.

Ab einem gewissen Alter entscheiden viele Kinder gerne mit, was angeschafft wird, und wenn es saisonal und budgetmäßig sinnvoll ist, sollte man das durchaus respektieren und für sich nutzen. Was Kinder toll finden, ziehen sie gerne an – erste Hürde geschafft!

1 Übersicht gewinnt

Übersicht ist die halbe Miete, das weiß jeder, der schon mal morgens ratlos vor dem Kleiderschrank stand. Um Kindern das Anziehen zu erleichtern, wählt man sonntags gemeinsam die Outfits für die Woche aus und legt sie in beschrifteten Boxen für die Kinder bereit. Durch das Mitspracherecht fühlen sie sich ernst genommen, sie werden selbstständiger und lernen nebenbei die Wochentage kennen. So manch eine morgendliche Diskussion erspart sich außerdem, wer die Anzahl der Jacken auf zwei begrenzt.

2 Hose hoch

Damit das Hoseanziehen flutscht, sollten die Modelle nicht zu eng geschnitten sein und anfangs ein Bündchen haben. Wenn die Kinder groß genug für Reißverschlüsse sind, kann man einen Schlüsselring am Schieber befestigen, das erleichtert das Ziehen. Sie gleiten geschmeidig, wenn man die Zähnchen mit Wachs einreibt. Für einen Spielplatzbesuch besser keine gekrempelten Hosen wählen: In den Falten hat erstaunlich viel Sand Platz, der beim Umziehen zu Hause für eine fiese Rieselüberraschung sorgt.

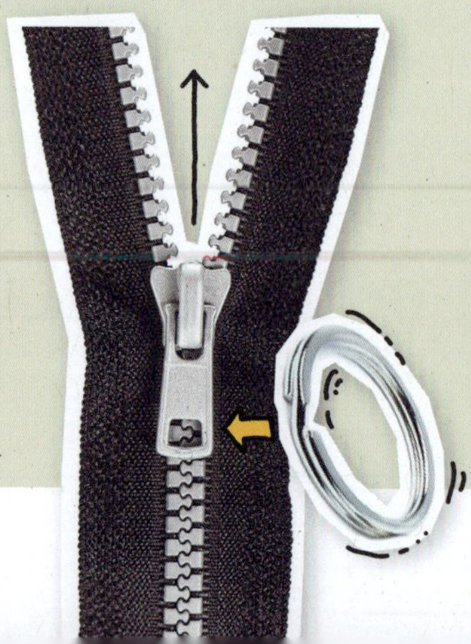

3 Schuh-bi-du

Welcher Schuh an welchen Fuß gehört, können viele Kinder anfangs nur schwer erkennen. Um zu verhindern, dass die Kleinen immer wieder mit „Entenfüßen“ kämpfen, schneidet man einen Aufkleber in der Mitte durch, klebt ihn in die Schuhe und schon wird das Anziehen zum Puzzlespiel! Turnschuhe kriegt man pfützenfester, indem man sie mit einem Teelicht einreibt und anschließend mit dem Fön erwärmt. Die Schnürsenkel lösen sich? Einfach den Knoten mit etwas Lippenpflegestift einreiben, das sollte helfen.

4 Kapuzen nutzen

Jackeanziehen ist knifflig, denn das meiste passiert hinter dem Rücken. Einen besseren Überblick bekommen die Kinder, wenn sie zuerst die Kapuze auf den Kopf setzen, so hängen die Ärmel schon an der richtigen Stelle. Das Aufsetzen der Kapuze erleichtert wiederum das Ausziehen von Kapuzenpullovern. Ob Jacke oder Pullover: Kordeln können beim Toben oder Klettern gefährlich werden und sollten am besten entfernt werden, zumal sie ohnehin selten genutzt werden.

5 Fingerspiel

Während das Ausziehen von Handschuhen meistens schneller geht, als es Eltern lieb ist, kann das Anziehen zur Geduldsprobe werden. Damit alle Finger leichter in den entsprechenden „Gängen“ landen, ballt das Kind zunächst die Hand zur Faust und lässt erst im Handschuh alle Fünfe gerade sein.

Die Babyhandschuhe sind mal wieder nicht aufzufinden? Als Ersatz einfach gemütliche Wollsöckchen über die Hände ziehen, davon hat man meist recht viele und sie halten genauso warm.

DIE PERFEKTE FEUCHTTUCHBOX

1. Feuchttuchboxen sind Retter in so manch einer Not. Aber durch einen kleinen Umbau werden sie auch zum praktischen Raumwunder.

2. Haar- oder Haushaltsgummis miteinander zu einer Acht verknoten. Die Gummis sollten so groß sein, dass sie sich um die Seitenteile des Deckels spannen lassen.

3. Eine dünne Feuchttuchpackung in den Deckel der Feuchttuchbox legen, sodass man Feuchttücher durch die Öffnung entnehmen kann. Mit der Gummi-Acht am Deckel fixieren.

4. Nun den unteren freigewordenen Bereich der Box für Ersatzwindeln, Strampler, eine dünne Wickelunterlage und eventuell Tütchen für Stinkewindeln nutzen.

RÜCKEN FREIHALTEN

MOBIL: Mit etwas Klett- und Gurtband wird die Kitatasche zur Lenkertasche.

ALLES IM BLICK: Die Tasche mit Trinkflasche, Brotdose und Knuffeltier fährt vorne mit und baumelt nicht mehr störend herum.

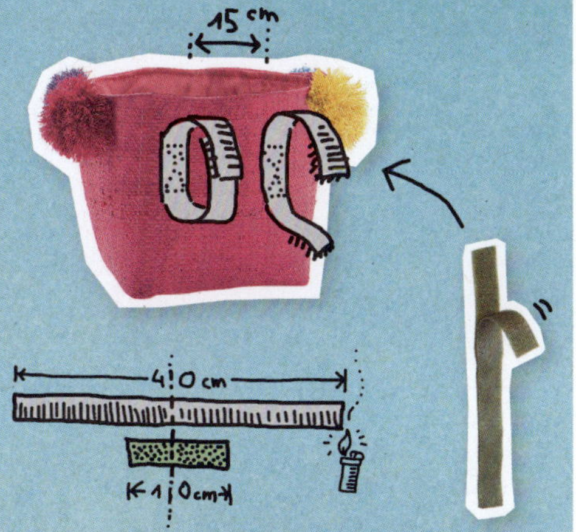

Klettband zum Aufnähen und alles, was Sie zum Aufmotzen der Kitatasche brauchen, finden Sie im **STOFFLADEN.**

40 CM GURTBAND (ca. 2,5 cm breit) und 10 cm Klettband jeweils quer halbieren. Gurtband an den Enden mit einem Feuerzeug versiegeln. Flauschige Klettbandstücke auf ein Ende der Gurtbänder nähen, kratzige Stücke auf die Rückseite des gegenüberliegenden Endes; das Stück in der Mitte bleibt frei. An diesem Stück die Gurtbänder senkrecht und parallel zueinander (etwa 15 cm Abstand; am Rad abmessen) an den oberen Rand der Taschenrückseite nähen.

Wie angegossen

Der Fahrradhelm muss richtig sitzen! Tipps zum Anpassen gibt's auf test.de (Suchwort „Kinderfahrradhelme").

PIMP MY LAUFRAD

Die meisten Kinder lieben ihr Laufrad und zischen darauf schon nach kurzer Zeit kometenschnell durch die Gegend. Eine Handvoll Tipps zur Sicherheit lassen Eltern ruhiger nebenher radeln, etwas Deko hier und da sorgt für bessere Sichtbarkeit und individuellen Touch.

Flitzerflitter
Für coole Lenkerfransen pro Seite etwa 20 dünne, bunte Bänder (ca. 40 cm) bis zur Mitte durch ein Haargummi fädeln und daran knoten. Das geht leichter, wenn man das Gummi auf eine Flasche spannt. Die (maximal 20 cm langen) Fransen mit dem Gummi an der Außenseite des Lenkers befestigen.

Übrigens: Schnuppern Sie mal an den Griffen! Viele sind mit Schadstoffen belastet, die mitunter penetrant riechen und ausgetauscht werden sollten. Einfach beim Fahrradhändler nach passenden Modellen fragen.

Leuchteffekte
lassen sich durch Reflektorband setzen: Dafür das selbstklebende Band entweder zuschneiden oder mit einem Papierstanzer schöne Formen ausstechen. Für bessere Sichtbarkeit zusätzlich ein LED-Fahrradlicht an Lenker oder Steuerrohr klemmen.

*

Für Speichenspaß
einfach bunte Strohhalmstücke längs aufschneiden, an die Speichen klemmen und losdüsen – geht natürlich nur bei Drahtspeichenrädern.

Fahrradwimpel
schwingen zwar manchmal gefährlich nah an Erwachsenennasen vorbei, sorgen aber dafür, dass kleine Flitzer schon von Weitem gesehen werden. Wer nicht so auf standardisierte Prinzessinnen oder Piraten steht, schneidet eine passende Ecke aus schönem Wachstuch aus und klebt sie mit doppelseitigem Klebeband drüber.

Und Stopp!
Laufräder mit Bremse bieten nicht mehr, sondern weniger Sicherheit, denn kleine Kinder können die Bremskraft nicht sicher einschätzen, das Rad kann blockieren. Entfernen Sie die Bremse – die meisten Kinder bremsen ohnehin lieber mit den Füßen. Schuhe bieten dabei den nötigen Schutz und sollten auch im Sommer nicht weggelassen werden.

FUSSKASPER

MOBILES ENTERTAINMENT: So können sich die Kleinsten während der Autofahrt kurz mal selbst bespaßen.

AUTOFAHRTEN können mit Babys ganz schön zäh werden. Sorgen Sie für ein bisschen Abwechslung und Bewegung während der Zeit in der Schale: Mit diesen bunten Spaßsocken kann sich Ihr Kind glücklich strampeln und Sie müssen nicht ständig nach weggeworfenem Spielzeug fahnden (wobei die Kleinen dafür bekannt sind, sich ihrer Socken in Windeseile zu entledigen…). Reservieren Sie sie für's Auto, dann sind sie immer wieder interessant.

WUNDERTÜTE

FINDERLOHN: Entdeckertütchen vertreiben Kindern die Langeweile auf der Reise oder im Restaurant.

Als Anreiz für größere Kinder: Einen Gegenstand vom Foto aus dem Beutel entnehmen und **HERAUSFINDEN** lassen, was fehlt.

Statt eines Beutels kann man eine **PLASTIKFLASCHE** für das Entdeckungsspiel verwenden, die lässt sich aber nur durch Schütteln durchtorsten.

FÜR DIE ENTDECKERTÜTCHEN brauchen Sie 25 Kleinigkeiten aus Bastelkiste und Haushalt (Knöpfe, Holzperlen oder ähnliches). Fotografieren Sie die Sammlung und geben Sie sie mit ein bis zwei Tassen Reis in einen Gefrierbeutel. Verschließen sie ihn gut mit Klebeband; optional zum Abdecken ein Stück Plastiktüte auf die Rückseite kleben. Das Foto ausdrucken, in eine Klarsichtfolie stecken und Gefundenes darauf mit Boardmarkern markieren lassen.

Ein Tritthocker

vor dem Autositz ermöglicht es kleinen Kindern auch in Minivans, selbstständig in ihren Sitz zu klettern. Und macht besonders schwangeren Müttern das Leben leichter.

UND WIR FAHR'N, FAHR'N, FAHR'N ...

Ob Urlaubsreise oder alltägliche Kurztrips: Autofahren mit der Familie ist nicht immer ein Kinderspiel. Manche wollen erst gar nicht rein, andere sind chronische Dinge-Fallenlasser, zu heiß, zu kalt und überhaupt: „Wann sind wir daaahaaa?" Ein paar Tipps helfen dabei, Autofahrhürden zu überwinden.

Im Sommer werden Autositze und Gurte manchmal brüllend heiß. Für Babyschalen gibt es Frotteeüberzüge, die sorgen auch dafür, dass das Kind am Rücken weniger schwitzt. Größeren Kindern legt man ein Handtuch über den Sitz. Auf heiße Gurte mit einer Sprühflasche Wasser spritzen, das kühlt sie etwas ab.

Sonnenblenden gehören im Sommer auf jeden Fall an die Scheiben, denn sie spenden nicht nur Schatten, sondern schützen die Kinder auch vor zu starker UV-Strahlung.

Im Winter sind Kinder häufig so dick eingepackt, dass es ihnen unangenehm ist, im Sitz angeschnallt zu werden. Und nicht nur das: Der Gurt hat zu viel Spielraum, liegt nicht optimal an und es kann bei einem Auffahrunfall zu gefährlichen Quetschungen kommen. Lieber für die Fahrt eine Fleecejacke anziehen oder das Kind im Sitz anschnallen und mit den Armen in die Jacke schlüpfen lassen, sodass die Rückenseite vorne liegt.

In ein Utensilo, das man an die Vordersitze hängen kann, passen das halbe Kinderzimmer, ein Snack und die Trinkflasche – und die Eltern können sich auf das Fahren konzentrieren. Es ist allerdings erst für etwas größere Kinder sinnvoll, denn in den ersten Autositzen werden die Kinder von den Gurten in Position gehalten und die Arme reichen nicht bis vorne hin.

Statt den Rückspiegel zu verstellen, um die Kinder im Blick zu haben, lieber die Sonnenblende aushängen und deren Spiegel in eine geeignete Beobachtungsposition bringen.

Ersatzklamotten und Papiertücher sollte man für Kinder in jedem Alter im Auto haben, falls ein Wasserspielplatz besucht wurde, die Windel ausläuft oder jemandem schlecht wird.

Übrigens: Die Stiftung Warentest prüft regelmäßig die Unfallsicherheit, Handhabung und Ergonomie von Autokindersitzen für alle Alters- und Gewichtsgruppen. Ausführliche Informationen und aktuelle Testergebnisse finden Sie unter www.test.de/thema/autokindersitze.

WÜRG OUT

Reiseübelkeit quält viele Kinder. Mit ein paar Tipps werden lange Autofahrten etwas erträglicher.

Reisen Sie möglichst nachts. Das ist zwar etwas anstrengend für die Fahrer, aber der Verkehr ist ruhiger, man muss seltener abbremsen oder überholen und mit etwas Glück überschlafen die Kinder die Übelkeit.

Leerer Magen reist nicht gern. Geben Sie den Kindern etwa eine Stunde vor Abfahrt eine leichte Mahlzeit (fette Speisen vor der Reise meiden, sie sind zu belastend) und lassen Sie sie während der Fahrt etwas knabbern. Manchen hilft Ingwer, zum Beispiel in Keksen oder Tee, gegen Übelkeit.

Frische, kühle Luft tut allen gut. Übelkeit verstärkt sich in stickigen, warmen Räumen.

Leichter Pfefferminzduft erfrischt zusätzlich (und verscheucht Après-Würg-Mief). Einen Pompon auf eine Wäscheklammer kleben, mit Pfefferminzöl beträufeln und die Klammer an die Lüftung klemmen.

Immer nach vorn schauen, sonst spielt der Gleichgewichtssinn verrückt. Um ihn wieder etwas ins Lot zu bringen, den Kopf mehrmals leicht nach links und rechts beugen. Ein schöner Zeitvertreib, bei dem man nicht runtergucken muss, sind Ratespiele (s. S. 193 „Ein Tisch für Viele, bitte!").

Hörspiele sind für übelkeitsgeplagte Kinder häufig der einzige Zeitvertreib. Kopfhörer, bei denen man die Lautstärke begrenzen kann, schonen das Gehör.

Trotz aller Tipps: Unbedingt eine Ziplock-Tüte bereithalten, damit man bei Alarm sofort reagieren kann. Und packen Sie eine Tasche mit Wechselklamotten, Papier- oder Feuchttüchern und einer Tüte für schmutzige Sachen in griffbereite Nähe. Im Ernstfall möchte keiner erst den Kofferraum durchwühlen.

KISSEN MIT TRAGEGURT

ANHÄNGLICH: Mit einem Tragegurt fliegt das gemütliche Reisekissen auf dem Weg zum Ferienziel nicht durch die Gegend.

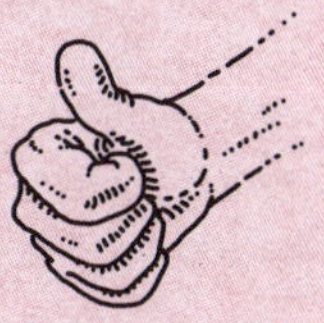

WER MIT MEHREREN Kindern auf die Reise geht, hat häufig Mühe, alle Gepäckstücke zusammenzuhalten. Kuschelkissen sind meist die ersten, die auf dem Boden landen. Mit einem Tragegurt kann sich das Kind das Kissen wie eine Tasche umhängen oder auf einen Koffer mit Schiebestange hängen. Sie brauchen dafür lediglich ein schönes Stoffband. Klappen Sie die Enden zwei Mal ein und nähen Sie sie mit Kreuzstich an den Bezug – fertig!

SPASS IN DER DOSE

Ferienzeit bedeutet für die meisten Familien auch leidige Fahrtzeit. Damit die Reise in Zug, Auto oder Flugzeug schnell vergeht, stattet man die Kinder am besten mit abwechslungsreichem und gleichzeitig kompaktem Spielmaterial aus.

Unsere selbst gemachten Spieldosen können teilweise vor der Reise neu befüllt werden und bescheren Eltern eine willkommene „Wie lange noch?"-Fragepause.

Für die Chaosvermeidung bekommt jedes Spiel eine eigene Verpackung. Gut geeignet sind leere Feuchttuchbehälter oder ausrangierte Frühstücksdosen.

1 Für Baumeister

„Nicht ohne meine Legos!" könnte als Motto vieler Kinder durchgehen. Mit dieser kleinen Baubox könn34,394 mmen sich Kinder nicht nur während der Reise beschäftigen, sie leistet auch im Restaurant gute Dienste. Vielen Kindern macht es Spaß, sich vorher selbst kleine Bau-Challenges auszudenken, ansonsten machen es die Eltern. Sie können vor jedem Ausflug neu entworfen werden,
man muss nur darauf achten, die nötigen Steine einzupacken. Wer mag, klebt zusätzlich innen am Deckel der Box eine Bauplatte an.

2 Für Wortakrobaten

Dieser kleine Wortschatz eignet sich gut für fleißige Mäuse, die auch während der Reise gerne „Schule" spielen. Man benötigt dafür eine Metallbox, Magnetbuchstaben und Eisstäbchen aus Holz. Jedes Stäbchen wird mit einem Wort beschriftet (gerne auch beidseitig), das dann mit den Buchstaben nachgeschrieben wird. Älteren Kindern kann man statt der Wörter auch Bildkarten in die Box legen, so wird es etwas schwieriger. Von häufigen Buchstaben wie E, N, I, S, R, A und T am besten je zwei Exemplare einpacken.

3 Für Glücksspieler

Würfel kullern ganz gerne mal auf den Boden des Autos und verschwinden auf Nimmerwiedersehen. In einer kleinen transparenten Dose behält man sie sowohl im Blick als auch in der Hand: Ein Spiel, für das man lediglich zwei Würfel braucht, heißt „18“. Ziel ist es, so nah wie möglich an die Zahl 18 heranzukommen, sie aber nicht zu überschreiten, sonst wird der Wurf ungültig. Jeder entscheidet selber, wie lange er würfelt. Wer am nächsten an 18 herankommt, bekommt einen Punkt, am Ende wird abgerechnet.

4 Für Rätselrater

Vertrauen ist gut, Kontrolle ist besser! Damit bei Ratespielen wie „Ich sehe was, was du nicht siehst“ oder „Ich denke an ein Tier“ kein Zweifel darüber aufkommt, was der Fragende im Sinn hatte, schreibt er es auf ein Mini-Whiteboard.

Natürlich kann man darauf auch „Drei gewinnt“ oder Galgenmännchen spielen oder einfach drauflos zeichnen. Auf die Deckel der abwischbaren Stifte (Whiteboard Marker) kann man kleine Pompons kleben, die sich prima als „Radierer“ eignen.

5 Für Strategiestars

Eine wiederverwendbare Reiseversion des beliebten Spiels „Drei gewinnt“ kann man ganz leicht selber machen. Man braucht dafür einen Bogen Filz, vier Stoffbänder (alternativ einen Filzstift), acht Pompons in zwei unterschiedlichen Farben und acht Klettpunkte.

Die Unterteilung mit dem Stift ziehen oder die Bänder aufnähen, die Klettpunkte kommen in die Zwischenräume – und schon geht's los! Zum Verpacken zusätzlich ein Band am Filz befestigen, dann kann man das Spiel zusammenfalten und passt wieder in die Dose.

GREIF-BAR

ZUR HAND: Schluss mit Rumgesuche, sandigen Thermosbechern und ausgelaufenen Trinkflaschen.

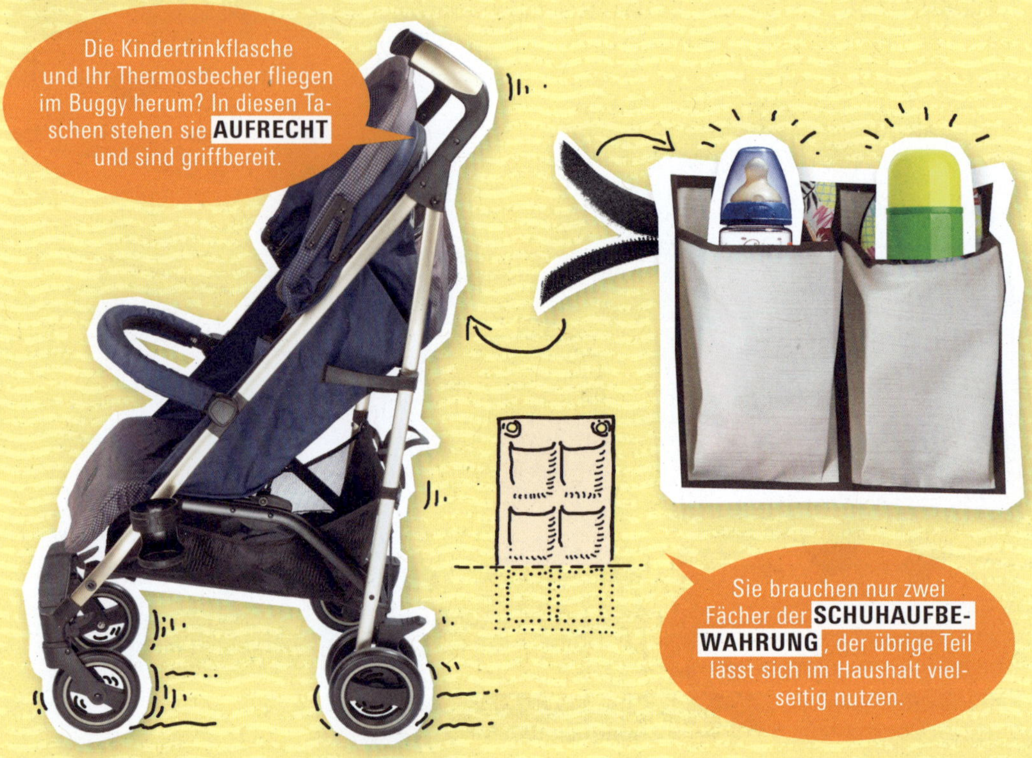

DAS NETZ UNTER DEM BUGGY ist meist proppenvoll mit Einkäufen, Sandspielzeug und Hirsekringeln … und die Trinkflasche mittendrin. Aus Taschen einer Hänge-Schuhaufbewahrung lassen sich praktische Getränkehalter basteln. Schneiden Sie aus der unteren Reihe zwei Fächer ab und befestigen Sie sie mit Klettband (selbstklebendes reicht für diesen Zweck aus – wer es permanenter haben will, nimmt solches zum Annähen) am Einkaufsnetz. Cheers!

TISCHLEIN WACKELT NICHT

SCHÖN STABIL: Viel besser, als das Reisetagebuch auf den Knien zu balancieren.

EIN REISETABLETT ist gleichzeitig praktisch und gemütlich. Sie brauchen dafür ein kleines Backblech (zum Beispiel 33 × 22 cm). Wenn Sie es lackieren möchten, müssen Sie vorher die Antihaftbeschichtung mit Schleifpapier abreiben. Ein weiches Kissen in der passenden Größe entweder mit Heißkleber am Blech befestigen oder zwei Streifen Klettband an den Bezug nähen und die Gegenstücke an entsprechender Stelle mit Heißkleber am Blech fixieren.

SCHÖN SPANNEND

Spannbettlaken retten die Nacht – aber wussten Sie, dass sie auch am Tag wahre Multitasking-Talente sind? Nutzen Sie das eingebaute Antirutschsystem für drinnen und draußen, im Urlaub und im Alltag.

Übrigens: Wenn das Laken trotzdem von der Matratze rutscht und regelmäßig für Kuddelmuddel sorgt, nähen Sie breites Gummiband ein: Gehen Sie von den Ecken rechts und links jeweils ein paar Zentimeter den Rand herunter und verbinden Sie diese beiden Stellen mit dem Band, sodass es unter der Matratze verläuft.

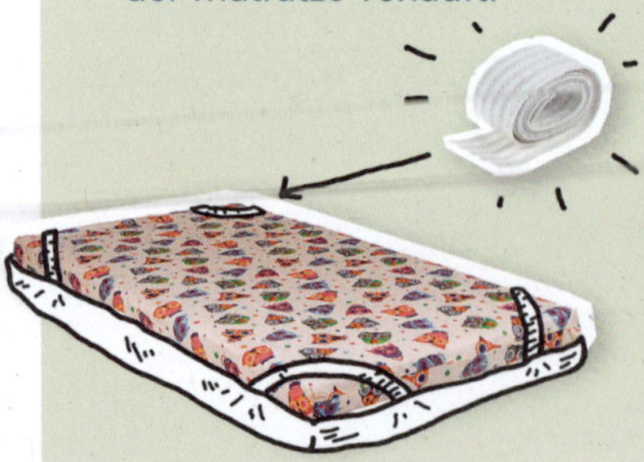

1 Spielteppich

Ein großes Spannbettlaken kann zum praktischen Auffangbecken für Bausteine, Minifigürchen und andere bunte Spielzeugexplosionen umgewandelt werden. Stellen Sie vier Kisten oder andere schwere, hohe Gegenstände in die Ecken des Lakens, dann ist in der Mitte immer noch genug Platz zum Spielen. Und zum Schluss nimmt man gemeinsam einfach alle Ecken in die Hand, dann purzelt der ganze Krimskrams in die Mitte und ist schnell wieder in den Kisten verstaut.

2 Polsterschutz

Sie gehören zu den gelassenen Eltern, die ihre Kinder im Auto futtern lassen, finden verkleckerte Polster aber trotzdem nicht so toll? Für eine kinderleichte Reinigung der Sitzflächen, besonders nach langen Autofahrten, können Spannbettlaken großartige Dienste leisten. Hüllen Sie die Polster damit ein und stellen Sie die Kindersitze darauf (eventuell Löcher für die Gurtschnallen hineinschneiden). Nach der Fahrt sind die Laken im Handumdrehen abgenommen und die Waschmaschine erledigt den Rest.

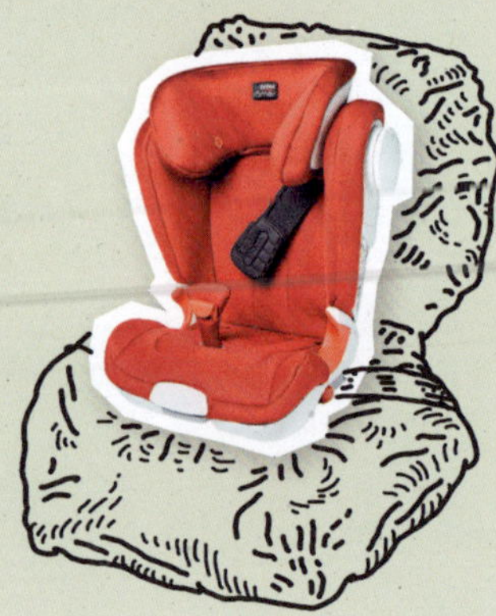

3 Kuscheltierhängematte

Schaffen Sie eine gemütliche Sammelstelle für die flauschigen Freunde Ihrer Kinder. Gut eignet sich eine Ecke am Bett, dann sind alle schnell zur Hand – und ebenso flott reingeworfen. Dafür je einen Kleiderhaken an der rechten und linken Wand anbringen, die Enden des Spannbettlakens mit einem Band verknoten und eine Schlaufe bilden. Daran kann man die Hängematte aufhängen. Und zum Wasch-Rundumschlag sind die Kuscheltiere darin auch ruckzuck zusammengerafft.

4 Strandkasten

So himmlisch weich sich feiner Sand bei einem Spaziergang unter den Füßen anfühlt, so nervig ist er auf dem Strandlaken. Nehmen Sie statt einer Decke das nächste Mal ein großes Spannbettlaken mit zum Ausflug ans Meer. Wichtig ist nur, dass Sie genügend Ballast (zum Beispiel Kühltasche und Rucksack) zum Beschweren der Ecken haben, damit das Laken gespannt bleibt.

Lassen Sie die Schuhe außen vor dem Laken und drehen Sie sie mit der Sohle nach oben oder buddeln Sie sie ein wenig ein, das hält sie kühl.

5 Dach überm Köpfchen

Gartenarbeit ist mit Baby auf dem Arm kaum möglich, und bei beginnender Mobilität wird die Krabbeldecke nur noch in der ersten Minute als Aufenthaltsort genutzt. Setzen Sie Ihr Kind, wenn es noch nicht stehen kann, in ein Reisebettchen und decken Sie dieses mit einem Spannbettlaken ab: Fertig ist der luftige Gartenspielplatz inmitten der Familie, wo keine dicken Brummer stören. Kontrollieren Sie regelmäßig, ob das Reisebettchen noch im schattigen Bereich steht!

MINISANDKISTE

KLEINE KISTE, GROSSER SPASS – und nach dem Sommer ist alles fix wieder abgebaut.

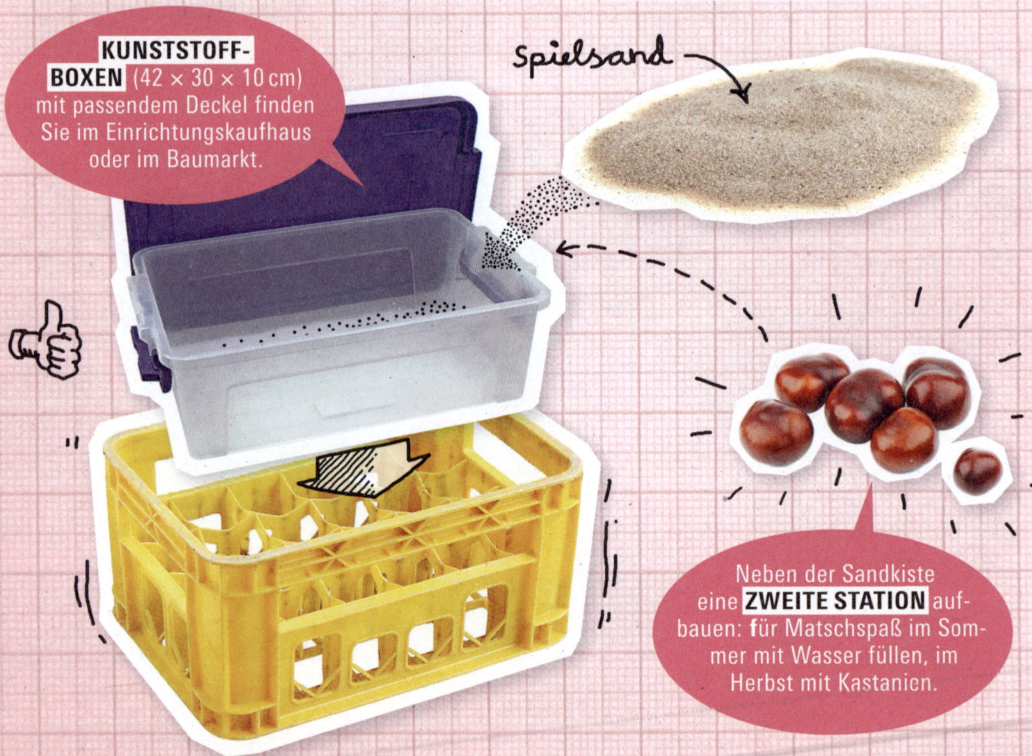

SPIELPLATZ AUF BALKONIEN: Für diesen Minisandkasten ist sogar auf der kleinsten Außenfläche Platz. Sie brauchen dafür nur eine Kunststoffbox mit Deckel und eine Getränkekiste, in die die Box hineinpasst (im Getränkemarkt ausprobieren). Und natürlich Spielsand, dann kann der Buddelspaß schon losgehen. Nach ultranassen Matschaktionen die Sandkiste immer mal zum Trocknen in die Sonne stellen oder den Sand auswechseln.

SANDKASTENZELT

ALLES BEDACHT: Für diesen kleinen schlauen Sandkasten brauchen Sie noch nicht mal handwerkliches Geschick.

Achten Sie beim Zelt auf ausreichende **BELÜFTUNG**, damit es Ihrem Kind im Sandkasten nicht zu warm wird.

Nach dem Spielen das Zelt einfach mit dem **REISSVERSCHLUSS** schließen – so bleiben sowohl Regen als auch Nachbars Katze draußen.

VERSCHLIESSBARER SANDKASTEN inklusive Schatten gewünscht? Füllen Sie einfach ein Igluzelt mit feinem Spielsand, das erspart Ihnen feste Installationen. Kleine Zeltvarianten sind zu empfehlen, dann müssen Sie nicht so irre viel Sand einfüllen. Damit der drin bleibt, sollte die Einstiegsschwelle mindestens 15 cm hoch sein. Schatten hin oder her, die wenigsten Zelte haben UV-Schutz, also unbedingt trotzdem Sonnencreme verwenden!

Schlüsselsucherei nach geschafftem Einkauf lässt sich vermeiden, wenn man den Schlüsselbund an einem Karabinerhaken an einer der seitlichen Handtaschenschlaufen befestigt und daran in die Tasche hängt.

„SCHNELL MAL EINKAUFEN“

Mit Kindern im Schlepptau ist das nur etwas für Hartgesottene – nicht umsonst wird mit Hilfe eines im Supermarkt brüllenden Kindes Werbung für Kondome gemacht. Aber manchmal führt kein Weg daran vorbei – geht alles, wenn man sich schlau durchhangelt.

Mach! Eine! Liste!
Wirklich. Einkaufslisten sind Rettungsanker während des Einkaufs, sie verhindern, dass man zu viel, zu unbedacht, zu teuer einkauft. Außerdem will man, völlig platt zu Hause angekommen, nicht erleben, dass zwar der Ketchup, aber nicht die Fritten gekauft wurden.

Die Superchecker
machen die Liste entsprechend dem Aufbau des Marktes (vorne Obst und Gemüse, ganz hinten das Kühlregal). Der Vollständigkeit halber muss das Offensichtliche erwähnt werden: Der Quengelgang mit dem Süßkram sollte nach Möglichkeit großräumig umfahren werden!

Günstigere Produkte
liegen immer unten im Regal oder auch links, denn der Blick des Menschen wandert meistens von links nach rechts und bleibt dort stehen.

Nah dran
an den Einkaufswagen gibt es meistens auch Eltern-Kind-Parkplätze. Sinnvoll, weil man das Kind dann nicht unbeaufsichtigt im Auto lassen muss, während man den Wagen zurückbringt.

Rucksäcke
und Taschen mit einem Karabinerhaken an den Einkaufswagen hängen, dann nehmen sie nicht im Wagen Platz weg.

Ein Buggybuch
(möglichst aber nicht das olle vom Buggy …) am Einkaufswagen beschäftigt Kinder ein wenig.

An der Theke
kann man sich Fleisch und Geflügel portionieren lassen, das Personal macht das schnell und routiniert. Zu Hause zügig verarbeiten. Fiese Falle: Geschnitten verpacktes Obst, zum Beispiel Melone, ist bis zu fünf Mal teurer als ganze Früchte.

Beim Einpacken
die Ware sinnvoll sortieren. Klassischerweise muss man direkt nach dem Heimkommen Windeln wechseln, da hilft es, wenn zumindest die zu kühlenden Sachen nicht überall verstreut sind und man sie schnell als Erstes auspacken kann.

WIE KÄMEN WIR DENN DAHIN?

Spazierenstehen

Zu den Top Ten der Erkenntnisse, die das Elternwerden nach sich zieht, gehört ganz klar, dass sehr vieles sehr viel länger dauert als zuvor. Insbesondere das Los- und Ankommen. Versuchen Sie, gelassen zu bleiben und planen Sie für Wege pauschal doppelt so viel Zeit ein wie vorher. Dann bringt Sie die erzwungene Entschleunigung durch ihren Laufanfänger nicht in Megastress und ihr Kind profitiert davon!

Ein Hoch auf Bewegung

Auch, wenn dieses neue Tempo gewöhnungsbedürftig ist: Lassen Sie für kurze Wege den Buggy auch mal stehen, sobald Ihr Spross gut laufen kann. Kinder lieben Bewegung und entdecken darüber die Welt. Sie fördert Selbstständigkeit, Durchhaltevermögen und Kraft, außerdem sind Kinder, die sich tagsüber ausreichend bewegen durften, abends ausgeglichener und schlafen häufig besser.

Hüpf, hüpf, hurra

Dennoch will man natürlich auch mal ankommen. Wenn die kleinen Entdecker also irgendwann so gar nicht mehr von der Stelle kommen, müssen Bewegungsanreize her. Ermuntern Sie Ihr Kind, Muster auf Gehwegen zu nutzen (nur auf Linien laufen/nicht auf Linien treten), auf Mauern zu balancieren, lassen Sie es hüpfen wie ein Känguru oder ein Frosch, und die Treppe wird spaßiger, wenn man auf dem Po runterrutschen darf … wieder ein paar Meter geschafft!

Sie müssen jetzt ganz tapfer sein …

Kinder auf Treppen oder Mäuerchen treiben manchen Eltern Schweißperlen auf die Stirn. Versuchen Sie, Ihrem Kind nicht Ihre Ängste mitzugeben. Seien Sie einfach in sicherem Abstand dabei – wenn es Ihnen lieber ist, erst einmal an der Hand (wobei die Erfahrung zeigt, dass Kinder sich auch dann Schrammen holen, wenn man direkt daneben steht …). Nur Übung macht den sicheren Klettermeister!

WIEDERVERWENDBARE BROTTÜTE

1. Beschichtete Baumwolle (gewaschen!) zu zwei Rechtecken (à 20 × 40 cm) zuschneiden und rechts auf rechts aufeinanderlegen. Mit Klammern (nicht Stecknadeln!) fixieren.

2. Beide langen Seiten und eine schmale füßchenbreit absteppen (Jeansnadel). Auf rechts drehen, den Rand der vierten Seite ungefähr 1 cm einstülpen und knappkantig absteppen.

3. Das raue Stück eines Klettbands (2,5 cm breit, 15 cm lang) knappkantig an ein Ende nähen. Das Gegenstück ans Ende der Rückseite (etwa 3 cm Abstand vom Rand) annähen.

4. Wie einen Umschlag einklappen, sodass die untere Hälfte zur Tasche wird und der obere Rand etwa 6 cm übersteht, festklemmen und alle Seiten (außer Bodenseite) absteppen.

TIPPS FÜR AUSFLÜGLER

Ob Sommer, ob Winter, Ausflüge an der frischen Luft tun Kleinen und Großen gut. Doch während man kinderlos durchaus spontan und ungeplant in den Tag stolpern kann, sollte man mit Kindern ein wenig gerüstet sein.

Das meiste hat man ohnehin dabei, aber es schadet nicht, diese kleinen Kniffe zum Schatten- oder Wärmespenden, eine Erinnerung an die Wechselsachen, einen Verlustschutz für kleine Ausflügler und eine Idee für verschüttsicheren Knabberspaß im Gepäck zu haben.

1 Wärmespender

Kalte Finger sind mit diesem DIY-Handwärmer kein Thema mehr. Sie halten Kinderhände im Buggy kuschelig warm und sind bei winterlichen Temperaturen auch für Autofahrten sehr praktisch. In jedem Haushalt finden sich Singlesocken, die hier einem guten Zweck dienen können. Als Trichter einfach eine leere Klorolle in die Öffnung stecken, dann die Socke mit Reis befüllen und fest verknoten. Vor dem Ausflug entweder rechtzeitig auf die Heizung legen oder in der Mikrowelle sanft erwärmen.

2 Schattenplatz

Wenn die Sonne plötzlich allzu sehr lacht und das Kind im Buggy dringend etwas Schatten braucht, hängen viele Eltern kurzerhand ein Spucktuch oder gar eine Decke an das Kinderwagendach. Leider steht es in dieser vermeintlich gemütlichen Höhle nicht mehr so gut um die Luftzirkulation. Besser man befestigt das Tuch mithilfe von Wäscheklammern sowohl am Wagendach als auch am Lenker, so bietet der provisorische Sonnenschutz trotzdem noch ausreichend frische Luft.

3 Knabberschmuck

Ob im Auto, im Einkaufswagen oder im Buggy: Kinder freuen sich unterwegs über eine kleine Knabberei. Wer sich nicht über verschüttete Tütchen und umgekippte Snackdosen ärgern möchte, fädelt zu Hause eine kleine essbare Kette auf, größere Kinder machen das auch gerne selbst. Als „Perlen" bietet sich von Hirsekringeln bis zu Brezeln alles mit einem Löchlein an, aufgefädelt wird auf Zahnseide. Kleinkinder sollten die Ketten natürlich ausschließlich unter Aufsicht naschen.

4 Nummer sicher

Beliebte Ausflugsziele wie Zoo oder Freizeitparks sind meistens voll und es gibt viel zu entdecken – da kann es leider auch mal passieren, dass das Kind voraus eilt und man es im Trubel aus den Augen verliert.
Wer sicher gehen will, dass man in so einem Fall sofort informiert werden kann, bastelt dem Kind ein Armband aus Buchstaben- beziehungsweise Zahlenperlen oder schreibt seine Telefonnummer auf dessen Arm (etwa mit wasserfestem Eyeliner) oder in dessen Schuhe (das muss dem Kind natürlich bekannt sein).

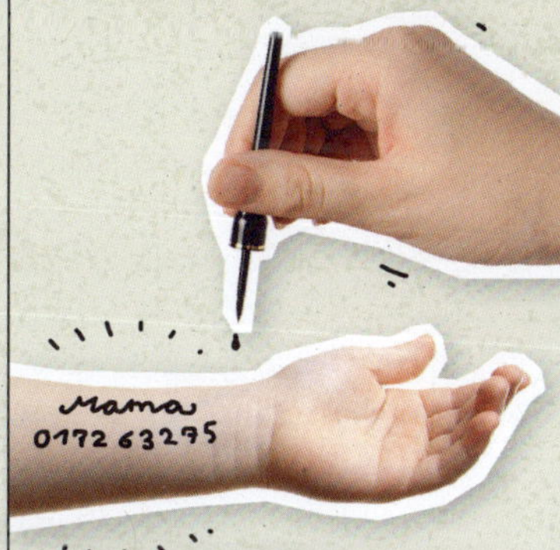

5 Ans Gummi denken

Der Ausflug war ein voller Erfolg, die Wangen sind rot und selbst die Wickeltasche hatte alles vorzuweisen, was gebraucht wurde. Um für das nächste Mal wieder genauso gut ausgerüstet zu sein, ersetzt man die verwendeten Wechselsachen natürlich … oder man vergisst es prompt und steht beim nächsten Mal dumm da. Damit das nicht passiert, bindet man ein Haargummi um das Ersatzoutfit. Nach dessen Verwendung steckt man sich das Gummi ans Handgelenk, das erinnert beim Heimkommen sofort ans Auffüllen.

TORWAND

ZIELSICHER: Die Kinder wissen nicht, wohin mit ihrer Energie? Na, ins Tor natürlich!

SPIEL 1: Wer erzielt in einer Minute die meisten Punkte? **SPIEL 2:** Jeder hat drei Würfe, um so viele Punkte wie möglich zu erzielen.

Markieren Sie **ZWEI LINIEN**, von denen aus geworfen wird: Bei der vorderen Linie gibt's die einfache Punktzahl, bei der hinteren die doppelte.

FÜR DIE TORWAND Löcher in unterschiedlicher Größe in eine Gewebeplane mit Ösen in den Ecken (Baumarkt) schneiden. Schnittkanten mit Gewebeklebeband abkleben, besonders die Winkel, dann reißt nichts ein. Eventuell Ballnetz (als Meterware im Internet erhältlich) von hinten über die Löcher kleben. Mit wasserfestem Stift oder Klebeband die Punktzahlen markieren. Torwand mit einer Schnur stramm zwischen zwei Bäume hängen und losballern.

PRIVATMEER

KLEIN, ABER MEIN: Kleinkinder planschen auch gerne am Strand, sind so aber vor überraschenden Wellen sicher.

STRANDTAGE gehören zu den Urlaubshighlights, aber nicht alle Kleinkinder mögen heranbrausende, spritzende Wellen. Außerdem ist die UV-Belastung am Ufer besonders hoch. Nehmen Sie für die kleinsten Wasserratten ein Planschbecken mit an den Strand, alternativ reicht auch eine große Folie, die Sie neben Ihrem Sitzplatz in eine Mulde legen. Dann nur noch mit Meerwasser auffüllen und schon ist der kindersichere Pool fertig.

AUTSCH!

OB SOMMER ODER WINTER, fiese Wehwehchen haben leider immer Saison. Diese Tricks machen kleine Patienten schnell wieder fit für's Weiterspielen.

Bienenstachel

zum Entfernen mit einer **gebogenen Pinzette** nah an der Haut greifen. Nicht das Giftsäckchen ausdrücken! Dann eine **angeschnittene Zwiebel** auflegen – so klingt die Entzündung schneller ab.

Juckende Mückenstiche

mit etwas **Honig oder Quark** betupfen. Als Hausmittel gelten gequetschte **Spitzwegerichblätter.** Kühlen hilft auf jeden Fall.

Sonnenbrand?

Sonnengereizte Haut mit handwarmen **Quarkwickeln** kühlen oder mit Wasser abtupfen. Ansonsten: **Viel trinken,** das „löscht" zusätzlich von innen.

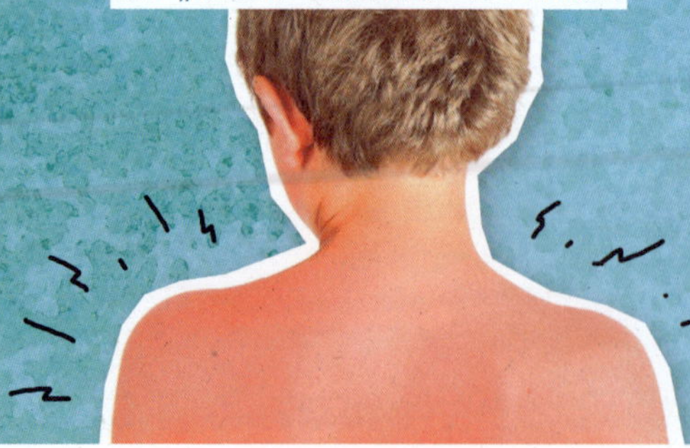

Hartnäckige Pflaster ablösen?

Das geht viel besser, wenn man sie vor dem Abziehen **mit Öl** (etwa Baby- oder Olivenöl) betupft, bis die Klebeflächen durchtränkt sind. Beim nächsten Mal lieber Pflaster mit sanfterer Klebefläche verwenden.

Ein fieser Splitter sitzt fest?

1 TL **Natron** mit etwas Wasser zu einer Paste vermischen, auf die Wunde geben und über Nacht ein Pflaster draufkleben. Am nächsten Tag den Splitter vorsichtig mit einer Pinzette entfernen.

Beulentrost

Für ein babyweiches und nicht zu kaltes Kühlpack **Marshmallows** in einen 1-l-Gefrierbeutel geben und tiefkühlen.

Leichte Ohrenschmerzen

lindert ein **Zwiebelsäckchen:** Zwiebel hacken, locker in weiches Tuch einschlagen, mit Gummi verschließen und auf das Ohr legen. Die Wärme hilft. **Aber:** Lassen Sie Ihr Kind unbedingt auch vom Kinderarzt untersuchen; oft ist bei Ohrenschmerzen Medizin unverzichtbar.

Brennnesselalarm?

Betroffene Stellen kurz mit kühlem Wasser abspülen, sanft trockentupfen und 10 Minuten **kühlen.**

NATURSCHNITZELJAGD

LÄUFT: Mit einem Suchauftrag wird die Familienwanderung zur Schatzsuche!

DAUERREGEN? Lassen Sie die Kinder zu Hause Weiches, Kaltes, Hartes, Flauschiges, Glitzerndes, Durchsichtiges und vieles mehr finden.

Geben Sie den Kindern einen kleinen **BEHÄLTER** für gefundene Schätze mit, damit die Jackentaschen verschont bleiben.

SIE LIEBEN WANDERUNGEN und die Kinder wollen nicht so recht mitziehen? Bereiten Sie als Anreiz mal eine Naturentdeckungstour vor. Das ist zwar keine Garantie für zügiges Ankommen, aber darum geht es beim Wandern ja ohnehin nicht. Sprechen Sie vorher mit Ihren Kindern über richtiges Verhalten in der Natur. Bei den Suchaufträgen geht es ums Entdecken und nicht zwingend ums Mitnehmen – merkt man spätestens beim Eichhörnchen.

ICH PACKE MEINEN KOFFER

ÜBERSCHAUBAR: Eine Fotopackliste hilft Kindern, ihre Siebensachen für Ausflüge selbst zu packen.

Ob Fußball- oder Zirkustraining, **SCHWIMMBADBESUCH** oder Übernachtung bei Freunden: So wird nichts dafür vergessen.

Fotografieren Sie vor **KLASSENFAHRTEN** alles Mitgenommene und geben Sie Ihrem Kind die Liste mit, dann vergisst es nichts im Landschulheim

AUSFLUG GEPLANT und das Grübeln geht los? Mit einer Fotopackliste ist beim nächsten Mal sofort klar, was mit muss. Legen Sie alles auf neutralem Untergrund übersichtlich nebeneinander und fotografieren Sie die Sammlung von oben. Bild ausdrucken, in Klarsichtfolie stecken (oder laminieren) und innen an die Schranktür kleben. Achten Sie darauf, dass alles, was Ihr Kind selbstständig einpacken soll, im Schrank gut erreichbar ist.

Erster!

Wählen Sie für Restaurantbesuche die Zeit vor dem großen Besucherandrang (ca. 11:30 Uhr oder 18:00 Uhr), dann sind die Bestellzeiten noch kurz und das Personal ist entspannt.

EIN TISCH FÜR VIELE, BITTE!

Wenn es etwas zu feiern gibt, ist das Restaurant meist nicht weit. Ausmalbilder hin oder her, damit das Essengehen sowohl Kindern als auch Eltern Spaß macht, sollte man ein paar Spielideen für die Wartezeit in petto haben. Wenn man dafür nicht viel mehr als den Kopf braucht, umso besser.

Kindergartenkindern
verkürzt man die Wartezeit prima mit Ratespielen wie „Ich denke an ein Tier" (einer nennt ein Merkmal eines Tiers, die anderen müssen das Tier durch Fragen erraten) oder „Was fehlt?" (einer entwendet einen Gegenstand auf dem Tisch und der andere muss raten, welchen).

„Spitze Schnute" wärmt die Mundmuskulatur auf: Serviettenschnipsel reißen, mit dem Strohhalm ansaugen und auf eine Untertasse setzen.

Grundschüler
mögen die witzigen Geschichten, die bei „Satz für Satz" zustande kommen (man erzählt gemeinsam eine Geschichte, jeder darf immer nur einen Satz sagen) und Wortakrobaten macht „Alles auf Anfang" Spaß (einer sagt ein Wort, der Nächste muss eines nennen, das mit dessen letztem Buchstaben beginnt: zum Beispiel Maus, Sonne, Esel, Lama ...).

„Lustige Leute" entstehen, wenn man abwechselnd die Teile einer Figur malt (Kopf mit Hals, Bauch mit Armen, Beine, Füße), die aber verdeckt werden, bevor der nächste dran ist.

Nur Mut
Fragen Sie in der Pizzeria nach etwas Teig – die Kinder werden Sie für diesen schnöden Klumpen lieben,

ihn hingebungsvoll kneten und Sie mit kostbaren ruhigen Minuten belohnen.

Überraschung!
Nehmen Sie für die Kleinkinder eine Tasche mit Büchlein, Fahrzeugen, Bausteinen und Spielfiguren mit. Wenn sie nur bei Ausflügen ausgepackt werden, sind diese Kleinigkeiten immer wieder spannend.

Gleichstand
Kinder bekommen ihre Mahlzeit im Restaurant häufig als erstes – und werden ungeduldig, wenn die Erwachsenen ihr Essen dann vor sich stehen haben. Bestellen Sie für diesen Zeitpunkt den Nachtisch für die Kinder, dann werden auch Sie satt.

ÜBER DEN WOLKEN …

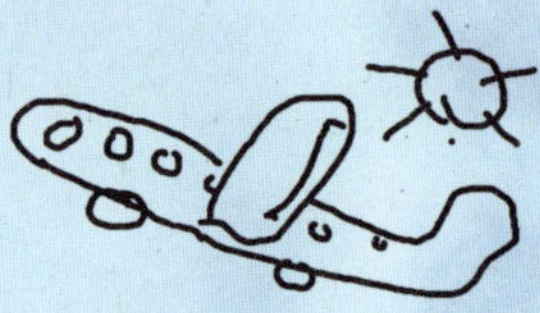

Beste Plätze

Wählen Sie am besten entweder Sitzplätze mit viel Beinfreiheit, auf langen Flügen können die Kinder dort auf dem Boden spielen. Alternativ sind Plätze nah am Ausgang zu empfehlen: umso kürzer Sie und Ihre Kinder im Flugzeug sitzen müssen, desto besser. Mit Babys ist man am Gang am besten aufgehoben, ob zum beruhigenden Herumlaufen oder um bequem zur Toilette/zum Wickeln gehen zu können (Plätze direkt an der Toilette hingegen sind zu unruhig).

Ohren frei

Babys und Kinder finden das Druckgefühl in den Ohren bei Start und Landung häufig unangenehm. Bieten Sie ihnen etwas zum Saugen an: Stillen Sie oder nehmen Sie eine Trinkflasche zum Saugen mit, auch ein Schnuller kann helfen. Babyfläschchen sind von der 100-ml-Regel übrigens ausgenommen. Größere Kinder können Kaugummi kauen oder Trockenfrüchte essen, auf denen man lange herumkauen muss. Auch lustig: Lassen Sie sie einen Luftballon aufpusten, das „öffnet" die Ohren.

Jedem das Seine

Packen Sie für jedes Kind einen eigenen Rucksack mit Spiel- und Malsachen, Snacks und einer eigenen Trinkflasche. Das ist übersichtlicher, als alles in einer Tasche zu haben und die Kinder können sich selbstständig nehmen, was sie brauchen. Übrigens: Gel-Fenstersticker sind eine schöne Flugbeschäftigung, man kann sie prima ans Flugzeugfenster kleben und wieder ablösen.

Überraschung!

Nehmen Sie ein paar Kleinigkeiten für den Flug mit, die die Kinder noch nicht kennen. Das kann etwas Gekauftes sein, zum Beispiel eine kleine Magnettafel oder ein neues Rätselbuch, oder Sie leihen sich ein paar unempfindliche kleine Spielsachen von Freunden aus – und geben ihnen wiederum im Tausch etwas für deren Kinder zum Zeitvertreib mit.

GESCHICKT AM STRAND

Mit unseren Tipps läuft der Strandtag für Wasserratten, Sandkrabben und auch Eltern ganz gechillt.

Beim Badeausflug kommt der dickste Gepäckbatzen meistens durch Strandlaken zustande. Mikrofaserhandtücher lassen sich platzsparender zusammenrollen und trocknen in Nullkommanichts.

Ein bunter Sonnenschirm mit Wiedererkennungswert spendet nicht nur Schatten, er sorgt auch dafür, dass Kinder am unübersichtlichen vollen Strand einfacher zur Basis zurückfinden.

Ein Wassereimer neben dem Sitzplatz erspart den Weg zum Meer, wenn man sandige Hände schnell mal abwaschen möchte.

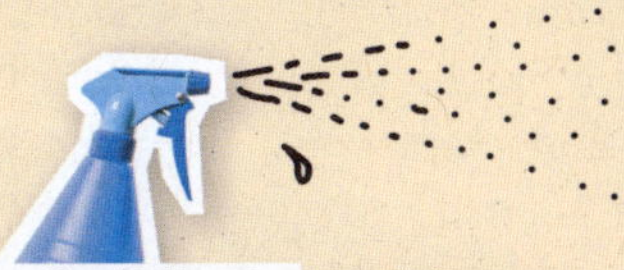

Eine Sprühflasche mit Wasser ist Gold wert, um erhitzte Strandflitzer zwischendurch ein wenig runterkühlen zu können.

Quetschies vor dem Ausflug einfrieren, dann sind sie am Strand schön kühl.

Wertgegenstände wie Schlüssel, Handy oder Geld lässt man während des Badens nur ungern am Platz. Packen Sie ihr Hab und Gut einfach in eine Windel und kleben sie sie zu. Selbst, wenn ein potenzieller Dieb diesen Trick kennt, wird er doch abwägen, ob er eine Stinkewindel mitgehen lässt.
Für Eltern windelfreier Kinder eignet sich auch eine Taschentuchpackung.

Als Kühlakku eine Ziplock-Tüte mit Wasser füllen und einfrieren. Nach dem Ausflug die Tüte leeren und nasse, sandige Badesachen darin einpacken.

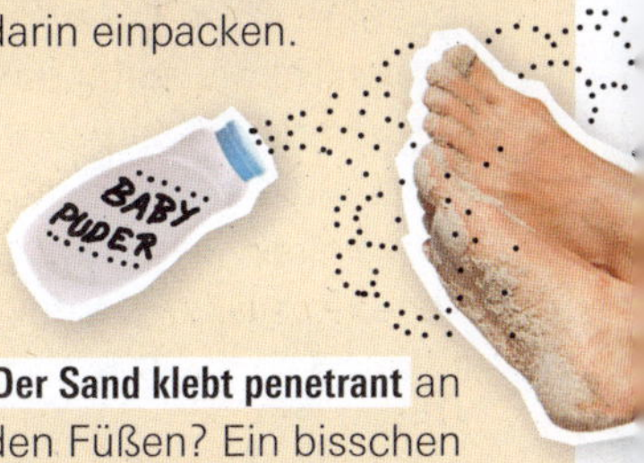

Der Sand klebt penetrant an den Füßen? Ein bisschen Babypuder darauf verteilen, das nimmt überschüssige Feuchtigkeit auf und die Körnchen lösen sich leicht von der Haut.

„Paniertes" Strandspielzeug nach dem Ausflug in eine Netztasche packen. So kann der Sand schon auf dem Rückweg zum Auto herausrieseln.

SCHNEE-GRAFFITI

COOLE SPRAYER: Regenbogenbuntes Schneevergnügen für kleine Künstler.

Bauen Sie eine **SCHNEEMAUER** zum Besprühen: Stapelbare Schneeblöcke lassen sich gut in einer Kunststoffdose formen.

Statt Lebensmittelfarbe können Sie auch natürliche **FÄRBEMITTEL** wie Kurkuma, Rote-Bete- oder Spinatsaft verwenden (siehe Ostereier, S. 134).

ALLZU WEISSE WEIHNACHT? Für winterlichen Farbenspaß Sprühflaschen mit Wasser füllen, dieses mit Lebensmittelfarbe einfärben und Kunstwerke in den Schnee zaubern lassen. Wer es etwas feiner mag, benutzt einfach Pinsel.

KEIN SCHNEE IN SICHT? Machen Sie eine ordentliche Menge Crushed Ice (Eiswürfel in Geschirrtuch wickeln und mit Hammer bearbeiten), füllen Sie es in eine Kunststoffbox und lassen Sie die Kleinen das Eis färben.

UND TSCHÜSS! EIN ABEND ZU ZWEIT

1 Babysitter finden

Hören Sie sich im Freundeskreis nach guten Babysittern um oder buchen Sie einen professionellen Kinderbetreuer zum Beispiel über das Internet. Vereinbaren Sie einen Probetermin für ein bis zwei Stunden an einem Nachmittag, damit sich alle kennenlernen können.

Alternativ kann man mit befreundeten Familien im Wechsel die Kinder hüten.

2 Wichtige Infos

Schreiben Sie ein Infobrett mit Kontaktdaten und Hinweisen für Notfälle, Uhrzeit der Rückkehr, Informationen über Rituale, eventuelle Allergien der Kinder, Orten, an denen wichtige Utensilien verstaut sind (Windeln, Fläschchen, Wechselklamotten ...), Schlafenszeit und die Funktionsweise bestimmter Haushaltsgeräte.

3 Kinder vorbereiten

Vermitteln Sie ihren Kindern, dass sie viel Spaß mit dem Betreuer haben werden und vermeiden Sie Aussagen wie: „Du brauchst keine Angst zu haben, wenn wir weg sind". Ausnahmen von den üblichen Regeln (zum Beispiel ein kleiner Filmabend oder Abendessen auf dem Sofa) machen Ihren schönen Abend auch zu einem lustigen Erlebnis für Ihre Kinder.

4 Lecker!

Ein bunter Snack oder eine besondere Leckerei freuen sowohl den Babysitter als auch Ihre Kinder. Bereiten Sie etwas vor, das es sonst nur bei außergewöhnlichen Anlässen gibt – vielleicht ein paar Flips oder Frühstück zum Abendessen.

5 Babysitter früher bestellen

Bitten Sie den Babysitter, am Ausgehabend 20 Minuten früher zu kommen, dann können Sie noch die letzten offenen Fragen klären und die Kinder haben die Möglichkeit, sich an die Situation zu gewöhnen. Verabschieden Sie sich kurz und herzlich von Ihren Kindern und dann: Viel Spaß!

6 Last but not least

Zahlen Sie gut. Informieren Sie sich über die Preise und vereinbaren Sie einen Stundenlohn über dem Durchschnitt, dann kommt der Babysitter bestimmt gerne wieder.

ANHANG

STICHWORTVERZEICHNIS

Q/R

S

T

Ente gut, alles gut.

Die Stiftung Warentest wurde 1964 auf Beschluss des Deutschen Bundestages gegründet, um dem Verbraucher durch vergleichende Tests von Waren und Dienstleistungen eine unabhängige und objektive Unterstützung zu bieten.

Agnes Prus hat schon als Jugendliche bei Kinderfreizeiten Bastelgruppen geleitet und Stadtrallyes organisiert, war Au-Pair-Mädchen für insgesamt fünf Kinder, ist nun selbst Mutter einer neunjährigen Tochter und eines fünfjährigen Sohns und findet Kinder im Großen und Ganzen ziemlich cool. Sie weiß aber auch, dass man nie zu wenig Tipps, Tricks und Asse im Ärmel haben kann, um den Familienalltag möglichst stressfrei und mit guter Laune zu wuppen. Die freie Autorin lebt mit ihrer Familie in Köln.

Stiftung Warentest
Lützowplatz 11–13
10785 Berlin
Telefon 030/26 31–0
Fax 030/26 31–25 25
www.test.de
email@stiftung-warentest.de

USt-IdNr.: DE136725570

Vorstand: Hubertus Primus
Weitere Mitglieder der Geschäftsleitung:
Dr. Holger Brackemann, Daniel Gläser

Programmleitung: Niclas Dewitz
Autorin: Agnes Prus

Projektleitung/Lektorat: Philipp Sperrle
Titelentwurf, Layout, Grafik, Bildredaktion und Satz: Axel Raidt
Illustrationen: Axel Raidt, Kay Hoffmann, Felix Müller
Litho: Axel Raidt, Janine Milstrey
Mitarbeit Grafik/Bildredaktion: Kay Hoffmann, Claudia Drießler, Felix Müller
Bildrecherche: Kay Hoffmann, Claudia Drießler, Axel Raidt, Merit Niemeitz, Felix Müller
Bildnachweis: Fotolia (sämtliche), bis auf S. 4 o., S. 156 Mi., S. 159 li., S. 174 li., S. 176 re.: Stiftung Warentest; S. 17 3× re.: Hoffmann; S. 132 re. o., S. 133 Mi.: Raidt
Produktion: Vera Göring
Verlagsherstellung: Rita Brosius (Ltg.), Romy Alig, Susanne Beeh
Druck: Media-Print Informationstechnologie GmbH, Paderborn

ISBN: 978-3-86851-488-9

Wir haben für dieses Buch 100 % Recyclingpapier und mineralölfreie Druckfarben verwendet. Stiftung Warentest druckt ausschließlich in Deutschland, weil hier hohe Umweltstandards gelten und kurze Transportwege für geringe CO_2-Emissionen sorgen. Auch die Weiterverarbeitung erfolgt ausschließlich in Deutschland.